EL
DIABLO
NO
PREVALECERÁ

EL DIABLO NO PREVALECERÁ

UNA CONFIANZA **INQUEBRANTABLE**
EN EL **PODER DE DIOS**

A.W. TOZER

COMPILADO Y EDITADO POR JAMES L. SNYDER

WHITAKER
HOUSE
Español

Traducción al español por:
Belmonte Traductores
www.belmontetraductores.com

Edición: Ofelia Pérez

EL DIABLO NO PREVALECERÁ
Una confianza inquebrantable en el poder de Dios
Compilado y editado por James L. Snyder

ISBN: 979-8-88769-066-7
eBook ISBN: 979-8-88769-067-4
Impreso en los Estados Unidos de América.

Whitaker House
1030 Hunt Valley Circle
New Kensington, PA 15068
www.whitakerhouse.com

Por favor envíe sugerencias sobre este libro a: comentarios@whitakerhouse.com.

ÍNDICE

INTRODUCCIÓN

A.W. Tozer era un apasionado de la adoración. Estaba antes que ninguna otra cosa, y todo lo que interfería en su adoración lo trataba con la mayor firmeza posible. Una de las cosas que interferían en esa adoración era el diablo.

Tozer a menudo decía que prefería hablar sobre cualquier otra cosa antes que del diablo. Nunca quería darle crédito alguno al diablo, pero como el diablo supone una gran amenaza a la hora de minar nuestra adoración, se debe lidiar con él. Este libro no está basado en una serie de sermones sobre el diablo, sino en sermones selectos enfocados en la influencia del diablo en la vida del cristiano y cómo podemos protegernos mejor del mal.

Tozer a menudo se refería a Efesios 6:10-11, donde el apóstol Pablo escribió: "Por lo demás, hermanos míos, manténganse firmes en el Señor y en el poder de su fuerza. Revístanse de toda la armadura de Dios, para que puedan hacer frente a las asechanzas del diablo". Es el estar firmes contra las "asechanzas del diablo" lo que Tozer enfatiza en este libro, y para estar firmes contra el diablo tenemos que estar preparados espiritualmente. Muchos de los capítulos hablan de edificarnos en el Señor para estar así en una buena posición en la que poder resistir las tentaciones del diablo.

Tozer rechazó la definición del diablo que tiene el mundo, así como la de Hollywood, ya que ambas le han caracterizado de formas que no están en consonancia con la Palabra de Dios. ¿Qué nos enseña entonces la Biblia acerca del diablo? Porque *eso* es lo que tenemos que recordar.

Aunque a Tozer no le gustaba hablar del diablo, hacía hincapié en que, como creyentes, nunca deberíamos subestimarlo. Muchas personas suponen que pueden derrotar al diablo en su propio territorio, es decir, en este mundo en el que vivimos, y que el diablo no es más que una presencia amenazante. Bíblicamente hablando, eso no es correcto. En cambio, debemos ver al diablo como un enemigo de Dios y, por lo tanto, el enemigo de nuestra alma.

Al practicar la guerra espiritual hay varias verdades que tenemos que conocer. En primer lugar, debemos entender quién es exactamente el enemigo. Demasiados cristianos no tienen ni idea de quién es el verdadero enemigo, y por eso señalan con su dedo a alguien de la iglesia, alguien de su familia o quizá de su lugar de trabajo. Sin embargo, si vamos a luchar contra el enemigo tenemos que aprender quién es, y solo podemos tener un entendimiento claro de ello en la Palabra de Dios.

En el capítulo 4 de Mateo vemos a Jesús yendo contra el diablo de frente. Lo interesante de este pasaje de la Escritura es que Jesús no subestimó al diablo. Vemos a Jesús acercándose al enemigo de Dios citando la Escritura, siempre respondiendo a los ataques del diablo con las palabras: "Escrito está".

Aunque conocer a nuestro enemigo es vital para desarrollar una estrategia contra él, otro aspecto tiene que ver con entender cuál es el equipamiento para nuestra guerra espiritual. "Revístanse de toda la armadura de Dios, para que puedan hacer frente a las asechanzas del diablo". Si no tenemos toda la armadura de Dios, no resistiremos durante mucho tiempo. El diablo solo necesita un pequeño punto de vulnerabilidad en el que enfocar su ataque.

Una gran parte de este libro habla de prepararnos para contrarrestar al enemigo en cualquier lugar donde se pueda producir su ataque, guardándonos de esas cosas que podrían comprometer nuestra capacidad para estar firmes contra él, y confrontarlo desde la perspectiva de Dios del modo en que Jesús lo hizo cuando fue tentado en el desierto.

A Tozer le interesaba nuestro crecimiento espiritual como cristianos, para que el diablo no pudiera hacer avances y manipular nuestro corazón y nuestra mente. Él deja claro que el diablo no puede arrebatar nuestra salvación; sin embargo, puede poner trabas a nuestra vida cristiana y hacer que perdamos nuestra recompensa cuando algún día nos encontremos con el Señor en el cielo. Si el diablo no puede arrebatarte tu salvación, hará todo lo posible por robarte el gozo además de cualquier fruto que puedas haber recibido como seguidor de Cristo.

Este libro tiene la intención de mostrar cuán importante es que entendamos nuestra vulnerabilidad hacia las asechanzas del diablo. No podemos tratar con él en nuestras propias fuerzas, eso está claro, y el elemento clave de los ataques del diablo contra los creyentes es minar su confianza en Dios.

Tozer destaca que esta confianza no está basada en nuestro entendimiento de la situación que tenemos delante. A menudo repetía las palabras de Pablo: "porque por fe andamos, no por vista" (2 Corintios 5:7). Con esto quiero decir que confiamos en Dios en situaciones que no podemos entender desde un punto de vista humano. Si el diablo puede hacer que nos cuestionemos nuestra confianza en Dios, nos habrá colocado en la dirección errónea.

Para estar firmes contra el enemigo tenemos que ser todo lo que Dios quiere de seamos y tener todo lo que Dios quiere que tengamos en esta batalla. Es posible que no conozcamos cada una de las batallas que tenemos por delante, porque esa también es una de las estrategias del enemigo. Pero si podemos confiar en Dios de todo corazón incluso cuando no entendamos nuestra situación o nuestras circunstancias, con la ayuda de Dios derrotaremos al diablo una y otra vez.

Dr. James L. Snyder

1

ENFRENTANDO A NUESTRO VERDADERO ENEMIGO

Pero David le respondió: Tú vienes contra mí armado de espada, lanza y jabalina; pero yo vengo contra ti en el nombre del Señor de los ejércitos, el Dios de los escuadrones de Israel, a quien tú has provocado.

1 Samuel 17:45

Toda batalla comienza por entender quién es el enemigo. Si los soldados no saben quién es el enemigo, ¿cómo se prepararán para lidiar con él? Creo que muchos cristianos hoy día no conocen a su verdadero enemigo. El enemigo no está en los bancos de la iglesia. Muchos cristianos pasan mucho tiempo en pleitos unos con otros, para gran deleite de nuestro enemigo el diablo.

Es en nuestra comprensión del enemigo donde podemos comenzar a prepararnos para la batalla y el conflicto continuo que tenemos delante de nosotros. Como cristianos, participamos en lo que se llama *guerra espiritual*, y esta guerra no se puede luchar con fuerza física o militar, pistolas y torpedos. Cómo comprendemos la guerra espiritual dice mucho acerca de nuestra relación con Cristo. Muchos no se dan cuenta de la importancia de la lucha espiritual en la que estamos y el hecho de que este enemigo real nos ha marcado a todos para atacarnos.

El apóstol Pablo describe nuestra responsabilidad cuando se trata de la guerra espiritual: "Por lo demás, hermanos míos, manténganse firmes en el Señor y en el poder de su fuerza. Revístanse de toda la armadura de Dios, para que puedan hacer frente a las asechanzas del diablo" (Efesios 6:10-11).

Una de las grandes historias del Antiguo Testamento es la historia de David y Goliat. Goliat representaba la última tecnología en la guerra militar. Era un hombre valiente y fuerte, tenía el mejor equipamiento y estaba muy bien entrenado para la batalla. Durante toda su vida se había dedicado a luchar y derrotar al enemigo, y estaba confiado en que podía derrotar a cualquiera.

David, al otro lado del campo de batalla, era un joven que no tenía ni experiencia ni entrenamiento de ningún tipo en la batalla. Cuando se enfrentó a Goliat, no fue un combate justo e igualado desde un punto de vista humano.

Cuando David consiguió su primera honda, estoy seguro de que no la miró y pensó: *Esta honda me ayudará a derribar a Goliat, el enemigo de Israel*. De joven, David nunca había oído hablar de Goliat y probablemente no comprendía el peligro al que se enfrentaba Israel. En otras palabras, nunca sabemos qué o a quién usará Dios para sus propósitos, ni cuándo o cómo. Cuando nos ponemos en manos de Dios en entrega y obediencia, estamos a su disposición, y Él siempre nos prepara para la batalla que tenemos por delante. Por eso es crucial que aprendamos a esperar en el Señor.

Por lo tanto, David era un inexperto en lo relacionado con la guerra espiritual y las técnicas de lucha, sin saber cómo triunfar en el campo de batalla. Era sencillamente un joven pastor bastante ingenuo en cuanto al mundo en general. Tenía experiencia cuidando de las ovejas de su familia en el campo. Sabía cómo lidiar con los lobos y los osos, pero aparte de eso no tenía otra experiencia.

Cuando David acudió ante Goliat, le dijo al filisteo: "Tú vienes contra mí armado de espada, lanza y jabalina; pero yo vengo contra ti en el nombre del Señor de los ejércitos, el Dios de los escuadrones de Israel, a quien tú has provocado" (1 Samuel 17:45). Antes de enfrentarse a Goliat, el rey Saúl pensó que era responsabilidad suya preparar y equipar a David para la batalla. "Entonces David le dijo a Saúl: 'Que no se desanime nadie por causa de ese filisteo; este siervo tuyo irá a pelear contra él'. Pero Saúl le dijo: 'No creo que puedas pelear contra él, pues todavía eres muy joven y él ha sido un guerrero desde su juventud'". (1 Samuel 17:32-33).

Este fue el testimonio de David delante del rey Saúl. Por qué el rey Saúl permitió ir a pelear a este joven llamado David es algo que no llego a entender.

Entonces Saúl le puso a David su propia ropa, y le puso un casco de bronce sobre la cabeza, y lo cubrió con una coraza.

> *David se colocó la espada al cinto, e hizo el intento de cami-*
> *nar, pues nunca había portado un equipo así. Y como no*
> *pudo caminar, le dijo a Saúl: 'No puedo moverme con estas*
> *cosas, porque nunca las he usado'. Y desechó esos arreos*
> *militares.*   (1 Samuel 17:38-39)

David no dudó en creer que Dios estaba de su lado. Su confianza estaba arraigada en su relación de toda una vida con Yahvé o Jehová, como se le llamaba a Dios entonces. Por lo tanto, la fortaleza y confianza de David no se basaban en conocer todo sobre el enemigo, sino en entender y conocer su relación con Dios.

Estudiar la vida de David es indagar profundamente en su confianza en Dios. No cabe duda de que hizo muchas cosas mal, pero cuando llegaba la hora de la verdad, su confianza en Dios era inconmovible.

El final de la historia, por supuesto, es que David salió victorioso mientras que el enemigo de Israel fue derrotado.

También está la confrontación que David tuvo con el profeta Natán con respecto al episodio con Betsabé y su esposo, a quien David había matado. Cuando Natán reprendió a David, diciendo: "¡Tú eres ese hombre!" (2 Samuel 12:7), David no hizo lo que Natán temía que hiciera. Como rey, David podía haber ordenado la ejecución de Natán, pero no hizo tal cosa. En cambio, cayó de rodillas en profundo arrepentimiento, lo cual estoy seguro de que sorprendió a Natán.

El arrepentimiento de David delante de Dios revela la confianza que tenía en Dios incluso cuando falló y las cosas salieron terriblemente mal. Que alguien pueda tener la confianza en

Dios que tuvo David en esa situación es algo fuera de toda comprensión humana. Su confianza fue más grande que su error.

El día en que David se enfrentó a Goliat no lo estaba haciendo porque se sentía seguro en su propia fuerza, capacidad y entendimiento, sino que se enfrentó a Goliat solamente por su confianza en su Dios.

La Escritura nos dice que David no tenía confianza en el rey Saúl o en el equipamiento que Saúl le quiso dar. Más bien, David le dio la espalda a todo y a todos y luchó contra Goliat simplemente porque sabía que Dios podía hacerlo.

Es importante que los cristianos cultiven el mismo tipo de confianza en Dios que vemos exhibida en David a lo largo de su vida, ya que fue esta confianza lo que le hizo ser intrépido, un hombre de fe. Muchos han intentado introducir en la iglesia el equipamiento, la tecnología y los métodos que vienen del mundo, pero intentos así no tienen cabida en la iglesia. Debemos abrazar la confianza en Dios para hacer lo que Él nos ha llamado a hacer de la manera que Dios quiere que se haga.

Pero, ¿qué significa tener confianza en Dios? A menudo nos vemos tentados a usar la definición que da el mundo de la palabra *confianza* en lugar de confiar en la definición de Dios. Pablo dijo: "porque vivimos por la fe, no por vista" (2 Corintios 5:7). En el centro de nuestra confianza en Dios están nuestra fe y confianza en Él para todas las cosas, al margen de si entendemos o no la situación que tengamos por delante en ese momento dado.

Pablo también dijo: "Así que la fe proviene del oír, y el oír proviene de la palabra de Dios" (Romanos 10:17). Nuestra fe, entonces, está plantada y nutrida en la Palabra de Dios. Al rendirnos a su Palabra, Él comienza a desarrollar en nosotros la fe que necesitamos para tener su perspectiva, lo cual a su vez nutre nuestra confianza en Él.

El mundo ofrece muchas cosas en las que podemos elegir depositar nuestra fe. Todo el mundo pone su fe en algo o en alguien. Para el cristiano, esa fe es el resultado del poder iluminador del Espíritu Santo en nuestra vida. Acudimos a la Palabra de Dios no como expertos sino como adoradores de Dios apasionados. La Biblia no es algo para "darnos golpes en el pecho", digamos, sino más bien nos capacita para adorar a Dios como Él desea y merece ser adorado.

Nuestra confianza es el resultado de la adoración apasionada que Dios ha creado dentro de nuestro corazón. No tiene nada que ver con el conocimiento, la experiencia o la tecnología. Tiene todo que ver con la obra interior del Espíritu Santo en nuestra vida.

La Escritura no indica en modo alguno que David alguna vez alardeara de su experiencia con Goliat. Nunca intentó decirle a la gente lo valiente que fue al enfrentarse a ese gran gigante y derribarlo.

Si tenemos una confianza en Dios verdadera, no necesitamos afirmaciones personales. Debemos entregar eso completamente a Dios porque nuestras batallas no se basan en ninguna batalla que tuvimos previamente, algo que a menudo parece ser el modo en que piensan las personas. Lo que tenemos que entender es que cada batalla es única en sí misma. Lo principal que hace cada batalla es confirmar nuestra confianza en Dios.

Las raíces de autoconfianza están en el diablo mismo. Fue el diablo quien dijo: "y seré semejante al Altísimo" (Isaías 14:14). Esta actitud de autoconfianza ha sido transferida a la humanidad. Ahora tenemos la confianza de que podemos vencer cualquier cosa. Si podemos pensarlo, podemos lograrlo.

Eso quizá funcione en el mundo fantástico del entretenimiento, pero no funciona en el mundo espiritual de confiar en Dios y vivir confiadamente en Él. La autoconfianza le roba toda la gloria a Dios y nos la entrega a nosotros. Si nuestra confianza está en nosotros mismos, fallaremos en la guerra espiritual.

"Revístanse de toda la armadura de Dios…" (Efesios 6:11). Con esto, Pablo quería decir que tenemos que tomar todo de Dios y evitar la carne. No puedes tener la armadura de Dios y satisfacer la carne al mismo tiempo. El enemigo quiere que nos concentremos en la carne, que protejamos la carne y que pongamos nuestra confianza en la carne. Sin embargo, cuando hacemos eso le robamos a Dios lo que legítimamente le pertenece.

"Pero yo vengo contra ti en el nombre del Señor de los ejércitos, el Dios de los escuadrones de Israel, a quien tú has provocado", dijo David a Goliat.

En la guerra espiritual, vemos que Dios hace cosas que están más allá de todo entendimiento humano. Por lo tanto, debemos dejar de cuestionar a Dios.

Cuando los israelitas estaban siendo guiados por Moisés en su salida de Egipto, solo pudieron avanzar un trecho cuando se encontraron con el Mar Rojo. Estaban enojados con Moisés y lo culpaban de su fracaso. En Éxodo 14:10-12 leemos acerca de su aproximación al Mar Rojo, con el ejército egipcio no muy lejos de ellos. No tenían solución al problema que tenían delante; me refiero a que no había solución humana. Es un gran deleite para Dios llevar a su pueblo a un lugar sin solución humana disponible. Cuando llegamos a ese lugar, Dios nos muestra cuán poderoso es Él.

En el último momento, Dios separó las aguas del Mar Rojo para los israelitas, y ellos pasaron entre las murallas de agua para dirigirse a la Tierra Prometida. La parte más interesante de esta historia es que, en cuanto los israelitas cruzaron el Mar Rojo y llegaron al otro lazo, el ejército egipcio, que corría a toda prisa detrás de ellos, entró en el Mar Rojo persiguiéndolos. Dios hizo que el mar se cerrara y todo el ejército de Egipto fuera destruido en ese momento.

A veces, Dios nos lleva a un lugar en el que no sabemos cómo lidiar con el enemigo, pero el enemigo pronto descubre que está peleando contra Dios. Pienso en José en el Antiguo Testamento, un joven que tuvo muchos problemas y dificultades, ninguno de ellos provocados por causa de él. Comenzó cuando sus hermanos lo vendieron como esclavo, y finalmente derivó en que fuera encarcelado en Egipto. Entonces, con el devenir de la historia, Dios sacó a José de la esclavitud y llegó a ser el hombre más poderoso de Egipto después del faraón. Después salvó al pueblo de esa época de una devastadora hambruna que los amenazaba.

Cuando la hambruna empeoró, el faraón permitió que José llevara a su familia a Egipto, y así fue como Israel llegó a esa tierra. Pero después de la muerte de su padre, los hermanos de José se alarmaron mucho. Pensaban que, ahora que su padre había muerto, José se vengaría de ellos y les haría pagar por todo el mal que le hicieron a su hermano José.

Me gusta lo que les dijo José: "Ustedes pensaron hacerme mal, pero Dios cambió todo para bien, para hacer lo que hoy vemos, que es darle vida a mucha gente" (Génesis 50:20). José soportó muchas dificultades y sufrimiento para lograr con Dios lo que nunca podría haber imaginado.

La confianza que José tenía en Dios permitió que Dios lo usara sin explicarle lo que Él iba a hacer. Eso es verdadera confianza. A menudo queremos que Dios nos explique todo antes de que suceda para poder darle nuestra aprobación a Dios. Por supuesto que Dios no necesita nuestra aprobación para hacer nada.

Nuestra confianza en Dios debe ser incondicional. Dios quiere que lleguemos a un lugar en el que Él pueda llevar a cabo su voluntad más allá de todo lo que podríamos comprender o incluso expresar con palabras.

Algún día, cuando lleguemos al cielo, creo que nos sorprenderemos al ver cómo Dios nos usó mientras estábamos aquí en la tierra. Las pruebas y tribulaciones que hemos atravesado quizá no tengan sentido para nosotros, pero en el cielo comenzaremos a entender cómo Dios estaba usando cada situación difícil en nuestra vida para lograr algo que no podíamos entender en ese momento. Creo que por eso Santiago escribió: "Hermanos míos, considérense muy dichosos cuando estén pasando por diversas pruebas" (Santiago 1:2).

Ese gozo es un acto de fe. Quizá no tenga sentido alguno en ese momento todo lo que nos sucede, pero aun así podemos gozarnos porque nuestra confianza en Dios es que Él nos está usando de manera activa de formas que no podemos entender ahora mismo y que, a través de nosotros, Dios está derrotando al enemigo. Nuestra confianza en Dios es digna de Él aunque no veamos lo que Dios está haciendo y cómo nos está usando.

¿Cómo sabía David que mataría a Goliat en el nombre del Señor? ¿Cómo sabía José durante su agónico viaje que terminaría precisamente donde Dios lo quería para llevar una gran bendición a todos los que le rodeaban?

La confianza en Dios nos libera de la necesidad de entender todo lo que Dios hace. A veces no nos damos cuenta de que Dios nos estaba usando hasta que todo ha terminado.

Amado Padre celestial, qué bendición es que tú me uses, incluso cuando no siempre sé en ese momento que me estás usando. Te pido que mi corazón esté tan rodeado de ti, oh Dios, que puedas hacer tu perfecta voluntad a través de mí para tu gloria. En el nombre de Jesús, amén.

CASTILLO FUERTE ES NUESTRO DIOS

Castillo fuerte es nuestro Dios,
Defensa y buen escudo.
Con su poder nos librará
En todo trance agudo.
Con furia y con afán
Acósanos satán:
Por armas deja ver
Astucia y gran poder;
Cual él no hay en la tierra.

Nuestro valor es nada aquí,
Con él todo es perdido;
Mas con nosotros luchará
De Dios el escogido.
Es nuestro Rey Jesús,
El que venció en la cruz,
Señor y Salvador,
Y siendo El solo Dios,
El triunfa en la batalla.

Y si demonios mil están
Prontos a devorarnos,
No temeremos, porque Dios
Sabrá cómo ampararnos.
¡Que muestre su vigor
Satán, y su furor!
Dañarnos no podrá,

Pues condenado es ya
Por la Palabra Santa.

Esa palabra del Señor,
Que el mundo no apetece,
Por el Espíritu de Dios
Muy firme permanece.
Nos pueden despojar
De bienes, nombre, hogar,
El cuerpo destruir,
Mas siempre ha de existir
De Dios el Reino eterno. Amén

Martín Lutero (1529)

2

EL PELIGRO DE COMPROMETER NUESTRA CONFIANZA

¡Atrapen esas zorras, atrápenlas! Aunque pequeñas,
destruyen nuestras viñas, que apenas están en ciernes.
Cantar de los Cantares 2:15

Para derrotar a nuestro enemigo no debemos permitir que nuestra confianza en Dios se vea comprometida. Parece que muchas veces estamos preparados para las grandes batallas, pero son las batallas pequeñas las que terminan derrotándonos. Y con batallas pequeñas me refiero a batallas inesperadas.

Salomón entendió esto cuando escribió sobre las "zorras pequeñas". Estas zorras pequeñas eran las cosas diminutas, y casi cualquier cosa que parece benigno cuando es pequeño. No parecen ninguna amenaza lo veamos como lo veamos. Por ejemplo, un cachorro de león es muy hermoso; si es muy pequeño, ni siquiera a mí me importaría acariciarlo. Casi cualquier criatura, incluso un cerdito, es algo encantador que apetece tocar, es agradable de mirar, y a uno no le importa tenerlo cerca. Pero cuando el cachorrito de león o el cerdito crecen y alcanzan todo su tamaño, no sentimos lo mismo hacia ellos, ¿verdad?

Ocurre lo mismo con las zorras. Cuando son pequeñas, sus orejas son más grandes que su cabeza. Su rabito está desproporcionado y resulta raro, pero es tan suave y tierno que nadie ve a una pequeña zorra como algo peligroso. Y, sin embargo, a esas pequeñas zorras lo que más les gusta es comer las uvas tiernas antes de que crezcan del todo. Los zarcillos del pequeño racimo de uvas que perdieron sus flores comienzan a tomar forma, y el embrión de uva es tan tierno y jugoso que una pequeña zorra no puede evitar acercarse y comerse esas pequeñas uvas. Y, una vez que ese racimo de uvas ha sido comido, aunque estaba verde y no había madurado del todo, supone el final de ese racimo de uvas en particular. Nunca se materializarán.

Hay pequeñas zorras en la vida cristiana también, zorras que aún no han crecido del todo y que nunca han recibido atención alguna del evangelista o ministro del evangelio. Los clérigos y líderes de la iglesia tienden a enfocarse en ciertos pecados grandes y feos y los golpean sin cesar, pero hay pequeñas zorras entre ellos que son igual de mortales para la vid. Y nuestro enemigo sabe cómo manipular estas pequeñas zorras para sacarles partido.

Los cristianos que pasan por alto o ignoran estas pequeñas cosas cometen un gran error. Suponemos que esas pequeñas cosas no suponen un verdadero peligro para nosotros, y que podemos manejarlo. Eso encaja muy bien en la estrategia del enemigo. Cualquier amenaza para nuestra salud espiritual que escojamos ignorar, el enemigo la torcerá para que comprometa nuestra confianza en Dios.

Muchos dirán: "Yo estoy preparado para la gran batalla". El problema es que nos preparamos mejor para las cosas grandes que podrían sucedernos que para las pequeñas. Nuestra confianza se envalentona cuando nos encontramos ante grandes problemas, pero son los problemas pequeños los que minan nuestra confianza en Dios.

Las siguientes son algunas pequeñas zorras que creo que el enemigo usa para destruir las viñas de nuestra confianza en Dios:

SENSIBILIDAD

Que seamos extremadamente sensibles puede ser un obstáculo en la vida cristiana. Esto también sucede con los santos. Me imagino que el apóstol Pablo era muy sensible en muchos aspectos. La sensibilidad es algo bueno, pero tiene el potencial de invitar a los problemas en la vida cristiana cuando surge de ofenderse con demasiada facilidad. Es peligroso ir por la vida con una chispa de hipersensibilidad cristiana que te hace arder ante la más mínima falta de respeto. Es un obstáculo y una pequeña zorra, y puede que incluso la carguemos en nuestros brazos y admiremos sus grandes orejas y todo lo demás; sin embargo, puede arruinar todas las uvas jóvenes que están empezando a crecer. Nunca madurarán porque murieron nada más brotar por una disposición a la hipersensibilidad.

Tenemos que pedirle a Dios que nos libre si somos propensos a la hipersensibilidad. Solo hay una forma de impedir que la pequeña zorra destruya las viñas, y es destruyendo a la pequeña zorra. No puedes discutir con ella ni puedes razonar con ella, solo puedes exterminarla. Oremos para que el Señor nos dé cierta rudeza, la capacidad de aguantar y sonreír ante los pequeños insultos y afrentas que podamos recibir. En cambio, tengamos la mente de Cristo en todas las cosas y en todas nuestras interacciones con los demás.

DESLEALTAD

Aunque la lealtad ciertamente es una virtud, la lealtad cuando las cosas no salen bien puede ser mortal. La deslealtad es incluso más mortal que la lealtad que sale mal. Por supuesto, debemos ser leales a algo por el propio bien de nuestra alma, y sin embargo este siglo moderno nos ha llevado a principios flojos y juramentos tibios que han afectado adversamente a muchos cristianos en nuestros días. Debemos preguntarnos: ¿a quién somos leales? ¿Dónde residen nuestras lealtades?

Cuando los discípulos caminaban con el Señor Jesús, formaron un círculo unido de lealtad. Lo que era maravilloso de ese círculo es que cuando Jesús dijo "uno de vosotros me va a entregar", ni siquiera uno de ellos respondió: "Judas Iscariote es el que lo traicionará". Tenían sus discusiones e hicieron muchas cosas carnales, pero ni uno solo de ellos dijo: "Judas es el traidor". En lugar de eso, cada uno respondió: "¿Soy yo, Señor?" (Mateo 26:21-22). Ellos fueron leales incluso con Judas. Cuando después Judas se acercó a Jesús para besarlo (Mateo 26:49), Jesús lo llamó "amigo" o "compañero". Por lo tanto, nos podemos permitir cultivar más nuestras lealtades. En nuestro esfuerzo por ser amplios y ecuménicos, no deberíamos olvidar que hay siempre un pequeño círculo de personas a las que deberíamos ser leales, y un mensaje y un programa al que deberíamos ser leales.

PEREZA

Debemos retarnos unos a otros para huir de la pereza. Porque, en el caso de los cristianos que son demasiado perezosos para leer la Palabra de Dios, demasiado perezosos para estudiarla y orar, demasiado perezosos para cumplir con sus obligaciones, prometiendo a otros que harán todo eso después, eso es una pequeña zorra, una cosita hermosa que está mordisqueando las uvas.

He descubierto que orar, por ejemplo, es muy difícil. No es algo que hacemos fácilmente. La oración que se hace fácilmente no es ni buena ni eficaz. La oración debería costarte algo, pero la mayoría de nosotros somos demasiado perezosos para orar, para buscar a Dios con sinceridad y humildad, y demasiado perezosos para estudiar su Palabra. Jesús, sin embargo, que es nuestro modelo y el ejemplo a seguir, era incansable. Sí, nuestro Señor era un trabajador incansable. Escogió a hombres trabajadores como sus discípulos, no vividores ni hombres paseantes ni lo suficientemente ricos para jubilarse pronto. Nuestro Señor escogió a hombres trabajadores, porque dijo: "Hasta ahora mi Padre trabaja, y yo también trabajo" (Juan 5:17). Así que debemos orar para que podamos ser librados de la pequeña zorra de la pereza.

COMPLACENCIA

Deberías ser consciente de que demasiado contentamiento es una cosa para la persona aún no redimida, pero es algo totalmente distinto para el cristiano. De hecho, puede resultar mortal. El contentamiento nos juzga por lo que solíamos ser, no por lo que debiéramos ser. Dice: "Si estoy a la altura de lo que era, todo estará bien". Más bien digamos: "Estaré a la altura de lo que debo ser".

Es nuestra confianza en Dios lo que nos incita a llegar a ser todo lo que Dios quiere que seamos. La única forma en que podemos saberlo es conociendo a Dios de modo personal e íntimo. La confianza basada en clases teóricas o entrenamiento tiene un límite muy corto.

Cada día nos presenta un reto. Si no buscamos ese reto, eso minará nuestra confianza en Dios. Si pensamos por un minuto que la vida cristiana es fácil y que lo único que tenemos que hacer es mascullar unas cuantas palabras, practicar unos cuantos rituales y asistir a la iglesia cuando sea conveniente, nunca obtendremos la confianza que necesitamos para ser lo que Dios quiere que seamos.

Pienso en las palabras de urgencia de Pablo sobre proseguir a la meta: "No es que ya lo haya alcanzado, ni que ya sea perfecto, sino que sigo adelante, por ver si logro alcanzar aquello para lo cual fui también alcanzado por Cristo Jesús...¡prosigo a la meta, al premio del supremo llamamiento de Dios en Cristo Jesús!" (Filipenses 3:12, 14).

Cuando los seguidores de Cristo se levantan el domingo en la mañana y van a la iglesia, deberían oír al predicador decirles cuán lejos tendrán que llegar hasta ser perfectos como su Padre en el cielo es perfecto. No nos felicitemos por todo lo que hemos recorrido, sino más bien alentémonos a llegar más lejos. Por lo tanto, tengamos cuidado con la complacencia. Sigamos animándonos a seguir "la justicia, la piedad, la fe, el amor, la paciencia y la mansedumbre la buena ya pelear "la buena batalla de la fe" (1 Timoteo 6:11-12).

INDULGENCIA

La Biblia dice que tenemos que soportar las pruebas: "Tú, por tu parte, sufre penalidades como buen soldado de Jesucristo. Ninguno que milita se enreda en los negocios de la vida, a fin de agradar a aquel que lo tomó por soldado" (2 Timoteo 2:3-4).

Cuando terminó la Segunda Guerra Mundial, los Estados Unidos tenían un ejército de civiles, el cual intentó hacer que la vida en el ejército fuera más parecida a la vida en el hogar. No pasó mucho tiempo hasta que la rígida disciplina se relajó. Uno de los oficiales de alto rango del ejército afirmó: "Cuando peleamos en la Guerra de Corea, nos topamos con nuestra nueva actitud fácil y relajada de intentar hacer que el ejército fuera lo más parecido a la vida del hogar y eliminar todas las dificultades que conlleva. Así que nos capturaron y nos enviaron a campamentos de prisioneros de guerra". Añadió: "¿Quién murió primero? Una voz indulgente murió primero". Siguió diciendo que esos muchachos que habían pasado por una rigurosa disciplina y duro entrenamiento eran duros consigo mismos. Para usar sus mismas palabras: "Los muchachos que eran blandos murieron como moscas". No podemos tener un ejército de civiles.

Debemos tener un ejército militar, personas que aprenden a estar firmes en cualquier circunstancia.

Tengamos cuidado con nuestra indulgencia *espiritual* que siempre busca la salida más fácil, la salida que serpentea cuesta abajo por las colinas del reino de Dios como un arroyo perezoso que busca el camino de menos resistencia. Necesitamos en la iglesia de hoy personas que puedan soportar las dificultades, perseverando con sus ojos fijos en Cristo, que es nuestro refugio.

AUTOCOMPASIÓN

La autocompasión es una debilidad de carácter que dice: "Pobre de mí, nadie me aprecia". Yo me siento así a veces, y no me importa decir que en ocasiones siento a esa pequeña zorra arañando mi puerta. Me veo pensando: *Estoy seguro de que mi gente no me aprecia*. Después sonrío y digo: "Ahí está esa zorra de nuevo". Y me deshago de esa desagradable y pequeña zorra lo más rápido que puedo.

Tengamos cuidado, entonces, de no caer en la autocompasión pensando que los demás no nos aprecian, sino más bien recordemos y permanezcamos en el infalible amor que el Padre nos tiene, manteniendo esto como el enfoque de nuestro corazón.

DESÁNIMO

Es lo que Satanás sabe hacer mejor. Cuando ninguna otra cosa puede impedir que una persona se aparte de la voluntad de Dios, el desánimo funcionará siempre. Tomemos al pobre Elías, por ejemplo. No tenía miedo al diablo; después de todo, se había enfrentado a cuatrocientos profetas de Baal. Pero de repente se desanimó, corrió y se escondió en una cueva; y, bajo un enebro en profunda depresión, pidió morir. Aunque el Señor no dejó que Elías muriera, nunca dejó que hiciera ninguna obra digna después de eso. Dios se lo llevó rápidamente al cielo y dijo: "Este hombre está demasiado desanimado; ya no sirve para nada".

Si nos encontramos desanimados, corramos a Cristo, la luz del mundo, y pongamos nuestra desalentada vida en sus manos, junto a cualquier sentimiento de desesperanza. Pidamos su ayuda para guiarnos y poder salir de la oscuridad, echando toda nuestra ansiedad sobre él, porque él tiene cuidado de nosotros (ver 1 Pedro 5:7), y tengamos presente la promesa de Jesús de que encontraremos descanso para nuestra alma: "porque mi yugo es fácil, y mi carga es liviana" (Mateo 11:29-30). Finalmente, regresemos a la comunión de nuestros hermanos y hermanas en el Señor.

Ninguna de estas zorras que he mencionado es una zorra adulta, y aun así es tan destructiva como si lo fuera. Estas no deshonran al cristiano, y la iglesia tolera tales cosas. No solo las tolera, sino que usa y promueve a personas llenas de ellas, dando como resultado vides raídas y andrajosas y con poco o ningún fruto.

Confiemos en que la sangre de Jesús elimine a estas pequeñas zorras de nuestro corazón y nos limpie de ellas por completo. Erradiquémoslas de nuestra vida. Podemos confiar en que el Señor actúe y nos libre de las zorras que el enemigo usa para destruir las viñas de nuestra confianza en Él.

Ayúdame, Padre, a reconocer a estas pequeñas zorras que están causando daño en mi vida. Dame el valor para levantarme contra ellas, y ayúdame, oh Dios, a pelear la buena batalla a la luz de tu gloria. Te alabo y te honro. Amén.

CRISTO ME GUÍA

Cristo me guía a las alturas,
Él me muestra el camino,
Pues en Él salvación encontré,
Sé que Él me guía.
Él me guía,
Confío en Él,
Su mano veo que me guía,
Su espíritu camina conmigo cada día,
Sé que Él me guía.

Cristo me lleva a campos amplios,
Un líder verdadero es Él,
Desde que mi alma a Él se rindió,
Sé que Él me guía.
Él me guía,
Confío en Él,
Su mano veo que me guía,
Su espíritu camina conmigo cada día,
Sé que Él me guía.

Cristo me guía aun por caminos duros,
Y oscuros pueden ser los caminos,
Confío en Él por gracia suficiente,
Sé que Él me guía.
Él me guía,
Confío en Él,
Su mano veo que me guía,

Su espíritu camina conmigo cada día,
Sé que Él me guía.

E. M. Bartlett (1922)

3

CAUSAS PARA DESCARRIARSE, LA CAJA DE HERRAMIENTAS DEL DIABLO

Los descarriados reciben su merecido;
la gente buena recibe su recompensa.
Proverbios 14:14 (NTV)

Preferiría escribir sobre cualquier otro tema que se me ocurra antes que del asunto de descarriarse, o apartarse del camino; sin embargo, es milenario y universal, y la Biblia tiene mucho que decir al respecto. Por lo tanto, creo que es correcto y apropiado que yo exponga ante ti algo de lo que la Biblia nos habla, tanto una advertencia como una palabra de ánimo sobre apartarse del camino. Es un arma que el diablo usa con mucho éxito.

Creo que la palabra *apartarse* vino del camino descarriado que se menciona en el libro de Oseas: "Porque como novilla indómita se apartó Israel; ¿los apacentará ahora Jehová como a corderos en lugar espacioso?" (Oseas 4:16 RVR 60). La idea era (y yo mismo lo he visto en la granja) que un animal comienza a subir por una ladera escurridiza y llega hasta cierta altura, después pierde el control y la tracción, resbala hacia atrás, y solo después de muchos intentos consigue llegar hasta la cima. A veces resbalan y son incapaces de llegar a la cima. Oseas, un hombre de Dios sin intención de ser ficticio, dijo que Israel era como los animales que él había visto intentar escalar por una ladera resbaladiza después de una lluvia intensa. Lo intentaron con todas sus fuerzas, empujaron y después resbalaron hacia atrás todos los pasos que habían conseguido dar.

Una causa de apartarse es la inestabilidad del corazón humano.

Sería maravilloso si pudiéramos permanecer donde estábamos, pero también sería algo mortal. Nuestro estado por naturaleza es muy triste, y si no pudiéramos cambiar estaríamos automáticamente condenados a permanecer en ese triste estado mientras los siglos pasaran; sin embargo, nuestra capacidad de cambiar de mentalidad e ir de peor a mejor es nuestra esperanza. El llamado de Dios en el arrepentimiento es un llamado a ir de peor a mejor.

Si no pudiéramos pasar de un estado a otro estaríamos congelados, moralmente estáticos y condenados desde nuestro nacimiento, pero como podemos pasar de un estado moral a otro, podemos pasar de lo malo a lo bueno y podemos hacer las paces con Dios incluso aunque antes estuviéramos mal. Podemos llegar a ser buenos aunque antes éramos malos; podemos llegar a ser santos aunque antes éramos impíos. Pues bien, esa misma habilidad para pasar de un estado moral a otro y cambiar nuestra mentalidad con respecto a las cosas también puede hacer que nos descarriemos.

Un resultado de la inestabilidad es que cambiamos de un interés a otro. He visto eso con los niños. Cuando son muy pequeños, tienen una idea de lo que les gusta. Cuando tienen nueve o diez años, tienen otra, y cuando son adolescentes tienen otra. Por supuesto, eso nos ocurre también a los adultos. Las modas cambian una y otra vez, de un estilo de vestido o de traje a otro, cambiando de una cosa que nos interesa a otra que nos interesa más. Tal inestabilidad en las personas también se puede trasladar al mundo moral.

Las únicas conductas a las que nos apegamos como una regla son aquellas que la naturaleza o las circunstancias han dictado para que no nos desviemos de ellas, como comer, beber o dormir. Mientras la raza humana siga con vida, siempre existirá también el deseo de alimentarnos y protegernos. Son instintos que residen en lo más hondo de la naturaleza humana. Además, tendemos a alejarnos de cualquier cosa que requiera atención y un trabajo meticuloso y detallado.

Tomemos, por ejemplo, a un joven pianista. Me pregunto cuántas personas habrán comenzado a aprender piano pero no terminaron el proceso para poder llegar a tocar el instrumento. Como muchos otros, yo no continué con mis clases de piano cuando era joven. ¿Por qué? Porque dominar el piano no es algo que está en nuestro instinto. No había un impulso instintivo que me despertara en la noche y me empujara hacia el piano. Sencillamente no estaba dentro de mí.

Musicalmente hablando, ciertas personas tienen algo en su interior que casi llega a ser un instinto. Nos referimos a ellos como músicos innatos o de nacimiento. Muestran algún tipo de expresión musical y no les cuesta practicar un instrumento durante horas todos los días porque hacerlo está en ellos. Aun así, eso es la excepción. La mayoría de las personas no hacen lo que les resulta arduo, fastidioso e incómodo. Por el contrario, tendemos a seguir el camino fácil, y aparte de los impuestos y algunas otras obligaciones que nos son impuestas desde fuera, bien por la naturaleza o por ley, en general hacemos lo que nos gusta hacer, eso que nos resulta un tanto natural. Y, por supuesto, ese es el terreno fértil en el que se cultiva el que alguien se aparte.

Muchas personas, tal vez debido a alguna gran presión, temor, pérdida y dolor, acuden a Dios y hacen promesas, pero el instinto de continuar, de seguirlo *a Él*, no está en ellos. De hecho, su instinto los empuja hacia el lado contrario. Enseguida, leer y estudiar la Biblia y orar se convierte en algo fastidioso y no les resulta natural, y por eso regresan a sus viejos caminos poco a poco con el paso de los días.

Si pidiéramos que se pusieran en pie todas las personas de la nación que en algún momento de su vida decidieron dar el paso de seguir los caminos de Dios, pero que después se olvidaron de ello y ahora están viviendo como si no hubiera Dios alguno en el cielo, seguro que nos quedaríamos asombrados. No podríamos superarlo si pudiéramos verlos a todos de pie como soldados formados. Nos quedaríamos horrorizados por cuántas personas habían dado un paso hacia Dios, quizá incluso conocieron a

Dios de modo personal, pero debido a que servir a Jesucristo era contrario a su naturaleza, se apartaron.

Si las personas hubieran permanecido como eran originalmente, creados a imagen de Dios sin pecado alguno, entonces sería perfectamente natural servir a Dios. Los ángeles en el cielo y los serafines que están junto al trono no tienen problema en servir a Dios porque no hay nada en ellos que les aleje para no hacerlo. Fueron creados para servir a Dios, y cuando están haciendo lo que para ellos es natural, son como los patos cuando van al agua, que hacen lo que para ellos es natural, o como los osos en el invierno acurrucados en sus oseras, siguiendo su naturaleza. Si tú y yo fuéramos lo que deberíamos ser, sin caída y sin la mancha del pecado, seríamos capaces de servir a Dios sin esfuerzo alguno. Nos resultaría natural y fluiría como una fuente por la presión que tiene debajo. Pero, tristemente, somos seres caídos.

Siempre que el pueblo de Dios se arrodilla y ora: "Padre nuestro que estás en los cielos, santificado sea tu nombre" (Mateo 6:9), hace lo más natural del mundo, no por su naturaleza caída sino porque fueron creados a imagen de Dios. Cuando las personas se vuelven a Dios, están haciendo lo que Él hizo en Adán y Eva durante el tiempo de inocencia en el jardín del Edén, que es lo que deberíamos hacer nosotros ahora. Sin embargo, debido a la caída nos han robado el poder y el deseo de hacer eso de modo natural. El pecado rehízo nuestra naturaleza, por lo que no es algo natural para nosotros cuando nos disponemos a orar. Debemos anular todos los siglos de pecado acumulados si queremos decir con sinceridad: "Padre nuestro que estás en los cielos". Si el pecado no hubiera entrado en escena, no habría nada que anular. Más bien, simplemente levantaríamos nuestra voz como las aves cantoras que cantan alabanzas a Dios sin esfuerzo alguno.

Las personas, entonces, tienden a alejarse de Dios, a que su deseo y pasión por Él se enfríe, y regresan a lo que les resulta natural. Cambian de idea o al menos cambian su corazón, ya que todo comienza siempre en el corazón. Muchos culpan a sus circunstancias y dicen: "Es por la vida de mi hogar". "Mi trabajo me tiene muy ocupado". "He tenido muchas tareas en la escuela". "No me he estado sintiendo bien". "Me faltan horas en el día". Observemos que todas son cosas externas.

De nuevo, descarriarse comienza en el corazón. El que se aparta en el corazón quedará lleno de sus propios caminos. Dios sabe cuándo nuestro corazón se está enfriando antes y mejor que nosotros mismos. Después la persona se da cuenta, después la iglesia de tal persona se da cuenta, y finalmente el mundo lo descubre. Así es como sucede normalmente cuando alguien se aparta y retrocede en su fe.

¿Qué significa apartarse en el corazón? Para comenzar, esa persona es alguien que está perdiendo el interés en las cosas de Dios. Gradualmente regresa a los viejos caminos, o tal vez encuentra algunos pecados nuevos y más refinados que los que solía practicar. Sin embargo, el punto es que su corazón se está enfriando con respecto a Dios. El fuego interior se está apagando; ya no se parece casi en nada a lo que era unas semanas, meses o años atrás. Lentamente, el amor de Dios y la comunión con Él se han vuelto distantes y fríos.

Si no te preocupa no orar tanto como solías hacerlo, entonces lo único honesto y amable que puedo decir es que probablemente te has apartado en tu corazón, porque si amaras a Dios hoy tanto como lo amabas antes, ¿acaso no querrías orar ahora tanto como lo hacías antes?

Si un médico hace una serie de análisis que demuestran que la salud de un hombre es mala, ¿qué debería hacer el médico? ¿Darle una palmadita en la espalda y decir: "Todo estará bien. Levanta la cabeza"? No, pues eso demostraría que el médico es un incompetente, una deshonra para su profesión. Hay solo una cosa que un médico honesto puede hacer, y es explicarle al hombre los resultados de los análisis, y si los resultados dicen que no está físicamente bien, el médico debiera decírselo y después ofrecerle al hombre un consejo experto, tratamiento o medicina.

Si no te importa no orar tanto como antes, pregúntate por qué y qué podrías hacer al respecto. ¿Por qué se ha enfriado tu corazón en cuanto a pasar tiempo con Dios? Tal vez la comunión con Él no es tan dulce porque otras actividades han ahogado el deseo de orar. La vida moderna con sus muchas distracciones como la radio, la televisión, los periódicos, las revistas y los automóviles que nos llevan por todo el país tienen tendencia a apartarnos de nuestro primer amor. Pero todo comienza en el corazón, y de nuevo, estas cosas son solo externas, no son las causas. La causa es más profunda que eso.

Cuando alguien se aparta en el corazón, a menudo se aburre cuando está con cristianos fervientes. Por lo tanto, si un cristiano entusiasta y ferviente te aburre, si mientras estás en un grupo tomando café alguien saca el tema de Dios o la Biblia y eso te molesta o te avergüenza, sería bueno que echaras un vistazo a tu corazón. Mira seriamente, porque si hablar del Señor nos aburre, es muy probable que algo ande mal en nuestro interior.

No me estoy refiriendo aquí a los que meten la religión en situaciones imposibles y lo hacen como un hábito sin sinceridad alguna, sin espontaneidad, sino solamente porque les han entrenado para hacerlo, como un marine entrenado. Esas personas aburren a cualquiera. Pero si un cristiano honesto y de corazón alegre habla sobe Dios o las cosas espirituales y te aburre o te avergüenza, algo se ha torcido en tu corazón. Lo que se puede hacer en estos casos es admitir la verdad, reconocerlo delante de Dios, y buscar el consejo del Espíritu Santo sobre el asunto.

Ten por seguro que el diablo sabe cómo manipular para su propio beneficio a un cristiano que se ha apartado. Por lo tanto, ora para que Dios te dé la fuerza y el entendimiento para evitar que el enemigo te manipule.

Padre celestial, te pido que me capacites para reconocer cualquier aspecto de mi vida cristiana donde me haya podido descarriar. Te pido que me des la fuerza para tratarlo y arrepentirme, y que el Espíritu Santo renueve mi espíritu. Que mi corazón arda de anhelo por las diciplinas espirituales que tengo por delante. Te lo pido en el nombre de Jesús, amén.

ALMAS DESCARRIADAS, VUELVAN A DIOS

Almas descarriadas, vuelvan a Dios
Su Dios fiel sigue teniendo misericordia;
Dejen los falsos caminos que recorrieron,
Y Dios sus pasos sanará.

Recuerda tu primer amor;
Ese tiempo debieras recuperar.
¿Qué fruto podría el cristiano encontrar
En cosas de las que ahora se avergonzará?

La ira del Señor
Es por un tiempo, así debe ser;
Pero firme permanece su Palabra;
Aunque seas infiel, Él es fiel.

La sangre de Cristo, ¡preciosa sangre!
De todo pecado limpia, no lo dudes,
Y reconcilia el alma con Dios,
De toda necedad, de todo pecado.

Joseph Hart (1759)

4

SÍNTOMAS DE APARTARSE QUE USA EL DIABLO

Los descarriados reciben su merecido;
la gente buena recibe su recompensa.
Proverbios 14:14 (NTV)

Un síntoma de que alguien se ha apartado en el corazón es cuando dicha persona desarrolla un espíritu crítico hacia otros, especialmente hacia los predicadores. En ocasiones, los predicadores son hombres claros, buenos y sinceros que se levantan, a veces sin una buena oratoria y algunas meteduras de pata, y nos hablan de manera sencilla acerca de Dios y de lo que significa ser cristiano. Las personas se encojen de hombros y dicen: "Tiene razón", y solo asisten a la iglesia en pocos números pero sin celo ni entusiasmo.

No pasaría nada por humillarnos y escuchar a cualquiera que tenga algo que decir acerca de Dios, siempre y cuando esa persona sea sincera y su corazón desee agradar al Señor. Deberíamos pedirle a Dios que nos dé ese mismo corazón: un corazón tan sensible que estemos dispuestos a recibir la enseñanza de cualquiera, a excepción, claro está, de los hipócritas y farsantes, los explotadores y los que buscan promoverse a sí mismo en lugar de Dios.

Cuando Charles Spurgeon era joven, asistió a una reunión en una iglesia metodista una noche tormentosa. Entró en el edificio y se sentó en un lugar distante, ya que su única pretensión era cobijarse de la fuerte lluvia. Alguien en la congregación, que no era ningún predicador, se levantó y exhortó a todos los presentes a mirar directamente a Jesús y convertirse. Spurgeon dijo después: "Entré allí como un pecador, y salí convertido". Se convirtió por escuchar a un hombre que no tenía reputación alguna, un laico que estaba dirigiendo una pequeña reunión de oración.

Debiéramos tener cuidado con juzgar a otros, siendo conscientes de nuestra tendencia a criticar de modo poco amable. Si es cuestión de intentar mejorar, de elevar los estándares a la hora de escribir y predicar, trabajando para animarnos a nosotros mismos y a otros a hacer las cosas mejor, eso es otro asunto y algo perfectamente correcto. Pero si se trata solamente de críticas y sentimientos amargos, no permitamos que el diablo use tales actitudes, ya que su propósito es dividir al pueblo de Dios y a la iglesia.

Los que critican la predicación mediocre a menudo están en la iglesia solo para mantener las apariencias. No son necesariamente hipócritas, ya que no tienen intención de engañar deliberadamente, pero es desafortunado que no estén ahí porque tienen un corazón cálido y receptivo, sino porque la vergüenza, o la obligación, o el temor, o el hábito, o la costumbre, o la presión social, o cualquier otra cosa los ha llevado hasta allí. Muchas veces, un pastor ha clamado diciendo, "Oh, Dios, ¿qué he hecho yo o qué he dejado de hacer para que mi pueblo esté en esta condición?".

Salomón dijo: "Los descarriados reciben su merecido; la gente buena recibe su recompensa". (Proverbios 14:14 NTV).

Muchas personas se ganan la reputación de ser buenos cristianos en las iglesias y después en lo secreto rompen la comunión con Dios. Hay falta de comunión, el fuego de su alma es pequeño hasta el punto de que apenas pueden sentir ya a Dios en lo más mínimo, y sin embargo han conseguido una reputación que deben mantener. Quizá incluso se permiten que les elijan en comités, para dirigir grupos de jóvenes, grupos de oración, coros, y otras cosas. Sin embargo, todo su mundo es hueco porque su corazón se ha descarriado.

Digamos que eres una mujer que lleva casada diez años. Si supieras a ciencia cierta que en lo profundo de su corazón a tu esposo no le importabas lo más mínimo, que en lo profundo de su corazón acechaban deseos secretos con los que ha estado luchando, deseos de poder librarse de ti y quedar libre de la necesidad de estar contigo, ¿cómo te sentirías? Eso es apartarse en el corazón.

Queremos el amor del corazón de la gente. No nos importan mucho las cosas externas. Si queremos amor, es el amor del corazón. ¿Cómo crees que se siente Dios cuando ve que nuestro corazón se aparta y no lo admitimos ni siquiera ante nosotros mismos, incluso en nuestros momentos secretos? ¿Cómo se siente Él cuando hemos llegado a un lugar donde, si fuéramos sinceros, tendríamos que admitir que estamos aburridos de Dios y cansados de ser cristianos? No diríamos esas palabras en voz alta ni lo admitiríamos, pero está ahí todo el tiempo. Ahora bien, ¿qué crees que piensa Dios de eso?

Jesús dijo en el libro de Apocalipsis: "Pero tengo contra ti que has abandonado tu primer amor" (Apocalipsis 2:4). Él reprendió a esa iglesia porque descubrió lo que estaba ocurriendo en ese entonces en el siglo segundo. Amonestó a esa iglesia porque estaba perdiendo su afecto por Él. No hubo un anciano de la iglesia, predicador, diácono o miembro alguno de la iglesia de Éfeso que se atreviera a levantarse y decir: "Estoy cansado de Dios". Pero el corazón de Jesús anhelaba afecto, y ellos no lo tenían. En esencia, está diciendo: "No siento el calor que solía sentir de parte de ustedes. Su sonrisa no es tan espontánea. Su respiración no es tan dulce. El tono de su voz no es tan tierno como solía ser. Han dejado su primer amor".

Durante un tiempo, el descarriado mantendrá su apariencia religiosa con un testimonio hueco y hablará con cristianos entusiastas sobre Dios y parecerá disfrutarlo. Paul Rader dijo en una ocasión que eso es parecido a alguien que se ríe sin ganas con una broma que no ha entendido bien. ¿Cuántas sonrisas hipócritas he mostrado como respuesta a una broma que no me parecía graciosa? Rader fue suficientemente valiente para aplicar esa analogía a las cosas espirituales. Sin embargo, con el tiempo, a esas personas les resulta difícil seguir con la farsa, hablar sobre las cosas de Dios, la oración, la Biblia y las cosas espirituales cuando su corazón no es sincero.

A menos que nos cansemos de este acto, me temo que no hay mucha ayuda disponible. Hay muchos que regularmente asisten a la iglesia aunque en su alma estén aburridos de todo ello. Tal vez oyeron a alguien decir: "No envíes a tus hijos a la iglesia, llévalos tú". Y, estando firmemente decididos a seguir ese consejo, llevan a sus hijos a la iglesia. Eso está bien, y me alegro de que lo hagan. Sin embargo, sería mucho mejor que su corazón estuviera involucrado en ello, mucho mejor si ir a la iglesia fuera algo más que una obligación. Por lo tanto, para los cristianos que asisten a la iglesia pero en su corazón preferirían quedarse en la cama durmiendo, ¿podría eso ser evidencia de que han dejado su primer amor?

En el asunto de entregar nuestros diezmos y ofrendas, las personas de corazón sincero dan espontáneamente y les encanta hacerlo. Dan con alegría porque quieren dar. Por supuesto, también se puede dar para aparentar, ya sea llenar un gran cheque para las misiones o ayudar a los pobres. ¿Qué clase de personas seríamos si lleváramos nuestras ofrendas a Dios sabiendo que al hacerlo seremos más prósperos que si no lo hiciéramos, sabiendo que si diezmamos tendremos más que si no diezmáramos? Cuando sacas un billete de diez dólares de la cartera o el bolso y lo pones en la cesta de la ofrenda, sabes que te has quedado sin diez dólares, pero también sabes que Dios toma esos diez dólares y los convierte en una bendición eterna para la humanidad, y pone en tu corazón un sentimiento de gozo. Pero dar solo porque tenemos el hábito de hacerlo cuando hemos perdido el gozo de hacerlo es muy difícil. El descarriado de corazón se cansará de eso después de un tiempo.

Pablo dijo en Gálatas 6:1: "Hermanos, si alguno es sorprendido en alguna falta, ustedes, que son espirituales, restáurenlo con espíritu de mansedumbre. Piensa en ti mismo, no sea que también tú seas tentado". Un comentarista destaca que las palabras usadas aquí son términos médicos, refiriéndose a cuando un brazo o un hombro se descoyunta.

¿Alguna vez se te ha salido un hombro de su lugar? Uno de mis hijos se lesionó jugando al fútbol y tuvo que dormir con un aparato por mucho tiempo. Tardó unos años en recuperar la fuerza en ese brazo para que no se le volviera a salir de su lugar. El Espíritu Santo asemejó el apartarse con una rodilla que se sale de su lugar. Para que una persona se mantenga alegre y sonriente como si no le pasara nada en la rodilla cuando se le ha salido de su lugar se necesita más capacidad heroica de la que yo tengo. Le pido a Dios que nos haga el inestimable favor de ir de corazón en corazón, de alma en alma, y si hay enfriamiento en alguno, que lo encuentre y lo cure.

Poco después de que el Señor Jesús fue arrestado, una mujer vio a Pedro entre la multitud y le preguntó: "¿Eres tú uno de sus seguidores?". Pedro respondió: "No". Ella dijo: "Creo que sí lo eres. Reconozco tu acento". Pero Pedro insistió: "No lo soy". Ella volvió a decir: "Sí lo eres, tu modo de hablar te delata". Entonces él dijo: "Para demostrar que no soy cristiano, voy a hacer algo que un cristiano nunca haría". Así que maldijo, diciéndose a sí mismo: *Si no maldigo y demuestro que no soy uno de sus seguidores, quizá me arresten como a Jesús.*

En cierto momento, Jesús se volteó y miró a los ojos del apóstol que lo había negado. Pedro miró el rostro de Jesús, y lo que vio (dolor, tristeza, anhelo, esperanza, y sobre todo amor) fue demasiado para él. Alejándose de allí, Pedro se quedó fuera, y con su rostro entre sus manos lloró amargamente. La traducción griega del texto indica un torrente incontrolable de llanto.

Jesús no dijo ni una palabra. En cambio, tan solo miró a Pedro.

"Sean prudentes y manténganse atentos, porque su enemigo es el diablo, y él anda como un león rugiente, buscando a quien devorar. Pero ustedes, manténganse firmes y háganle frente..." (1 Pedro 5:8-9). Aunque las tentaciones puedan ser fuertes, y la carne ciertamente es débil, no nos permitamos que nuestro corazón se enfríe hacia el Señor.

Por favor, Señor Jesús, mira nuestro corazón antes de que sea demasiado tarde. No permitas que nuestro corazón se endurezca hasta el punto de descarriarse permanentemente. No somos más fuertes que Pedro. Míranos y haznos llorar, dándonos la gracia de las lágrimas este día para que no abandonemos nuestro primer amor. Te lo pedimos en el nombre de Jesús, amén.

EL DESCARRIADO

Triste y solitario, débil y cansado,
El camino accidentado de la vida recorro;
El corazón sangra, el alma llora,
Buscando descanso y sin encontrarlo;
Padre, antes profundamente te amé,
En los días felices de antaño,
Pero el amor este mundo me ha robado,
¿Nunca más te amaré?

Oh descarriado, hay perdón,
Cristo te salvará de tu pecado,
De alegría llenará tu corazón,
Y te recibirá de nuevo;
Ven, oh, ven, pues, al Salvador,
Desecha tus dudas y temores,
Sumérgete en la fuente que sana,
Allí para salvar tu alma hoy.

Aquí hay una flor marchita y apagada,
Emblema de mi corazón solitario,
Antes tan lleno de amor y deber,
Ahora yace aplastado por el arte humano;
Padre, antes mis oraciones eran contestadas,
En los días felices de antaño,
Cuando en fe y amor te busqué,
¿Nunca más me oirás otra vez?

La vida es una carga, Señor, sin ti,
Paz que nunca más puedo conocer,
Todo este mundo, un mar de problemas,
Todo un desierto de aflicción;
Padre, dejándolo todo te busco,
Rogando una vez más ser perdonado;
Lava mis pecados y tristezas,
Padre, dame esperanza del cielo.

Charles E. Orr (1900)

5

AUTOCONFIANZA VERSUS CONFIANZA EN DIOS

Pues mi pueblo está decidido a abandonarme. Aunque me
llaman el Altísimo, no me honran de verdad.

Oseas 11:7 (NTV)

En el tiempo en que se escribieron esas palabras, Israel estaba en un estado que las Escrituras denominan "descarriarse" o apartarse. Oseas, doscientos años antes, acusó a Israel de abandonar a Dios: "Porque como novilla indómita se apartó Israel" (Oseas 4:16 RVR 60). Los antiguos profetas no eran tan elegantes como los predicadores de ahora, pero eran mucho más eficaces. No eran suaves, y lanzaban sus ideas con poder. Oseas sabía que estaba hablando a personas que eran gente de campo: agricultores, ganaderos y pastores. Iban llevando a la joven novilla a cierto lugar cuando, sin razón aparente, de repente decidió que se había cansado y rehusó dar un paso más. Cuanto más tiraban de ella, más retrocedía. Después, Oseas dijo: *"Pues mi pueblo está decidido a abandonarme"*.

A través de Jeremías, Dios les habló extensamente sobre su desagrado moral y la necesidad del juicio. Digo necesidad porque el juicio por el pecado es seguro; no es el resultado de una ira vengativa por parte de Dios. Reside en la estructura moral del mundo. Un Dios moral creó un universo moral, y quebrantar las leyes morales resulta en caos y destrucción. El juicio del que Dios habló tiene que ver con el pecado como la causa lo hace con el efecto o el efecto con la causa. Si alguien se traga una cápsula de cianuro, no es la venganza de Dios o su ira lo que causa la muerte que se producirá de forma instantánea. Tal vez Dios lo observe con una mirada de compasión, pero la persona muere de forma rápida igualmente porque el cianuro destruye el organismo humano. El pecado es así. El hombre de Dios dijo que el pueblo estaba decidido a abandonar a Dios, pero después añadió: "Si regresan, entonces yo les traeré de nuevo".

Pero ¿de qué se trata todo este asunto del abandono? He hablado de ello en los capítulos previos, pero hay todavía más que decir. Adán y Eva fueron los primeros, y a lo largo de los años el juicio seguía al pecado, o regresaban a Dios y eran perdonados.

Como mencioné antes, los cristianos que se descarrían y se apartan tienden a tener menos ganas de orar de las que solían tener. Oramos con menos alegría y con menos frecuencia.

Nos apartamos cuando perdemos el placer por la Biblia que antes teníamos. Cuando nos convertimos, la Biblia era un libro maravilloso; abríamos la Palabra de Dios con gran gozo y la leíamos de noche y de día. Por lo tanto, si ya no sentimos placer por la lectura de la Biblia, es muy probable que caigamos en un debilitamiento espiritual.

Nos apartamos cuando toleramos el mal más que antes, cuando no sentimos el horror por el pecado del que oramos y cantamos. Casi cada cristiano recién convertido tiene ese horror, pero poco a poco vamos siendo cada vez más tolerantes, y de ese modo el diablo puede encontrar un punto de apoyo, el cual nos lleva a apartarnos. Ahora bien, hay espacio para la tolerancia pero también hay espacio para la intolerancia. Cuando se trata del mal, hay solamente una actitud para el cristiano, y es la intolerancia. Por lo tanto, si somos menos intolerantes con el pecado del que solíamos apartarnos, si aborrecemos menos el pecado de lo que solíamos hacerlo, nos estamos apartando.

Nos apartamos cuando tenemos menos entusiasmo por las cosas espirituales del que solíamos tener. Si vemos que tenemos menos entusiasmo que hace dos semanas, dos meses o dos años atrás, lo más honesto que podemos hacer es admitir que nos hemos enfriado y nos estamos descarriando.

Nos apartamos cuando nos tomamos más libertades con nuestra conciencia de las que solíamos tomar. La conciencia es algo hermoso. El Espíritu Santo está del lado de la conciencia, nuestro mentor interior, instructor y guía moral que nos advierte de los peligros que se aproximan. La conciencia es como un radar en nuestro espíritu que nos dice cuándo ha despegado el avión del enemigo para destruirnos. Es una sensibilidad del corazón. Por lo tanto, cuando somos menos sensibles y nos tomamos más libertades con nuestra conciencia, como si dijéramos "Ahora soy más abierto", esa es una señal de que nos estamos apartando.

Nos apartamos cuando nuestra compasión comienza a secarse, cuando ya no es tan fuerte como solía ser, y cuando damos de nuestro tiempo y dinero con menos agrado. Había un tiempo en el que dábamos con mucho agrado. Poníamos nuestra ofrenda para los pobres, para las misiones o cualquier causa digna, o para la iglesia, y lo hacíamos con gozo. Dábamos gracias al Señor por el privilegio de dar. Puede que sigamos ofrendando, pero ahora lo hacemos sin alegría, sin agrado.

Por supuesto que Dios no necesita nuestras ofrendas, pero Él nos mira con agrado cuando damos con un corazón agradecido. Él ama al dador alegre, y no le agrada ninguna otra actitud al dar. Hubo un tiempo en nuestra vida cristiana al principio en el que quizá dábamos una gran suma de dinero al Señor, pero después los negocios no fueron tan bien e hicimos algunas inversiones, y tuvimos que pedir prestado; tuvimos más hijos y crecieron, y tuvimos que costear las universidades, así que ahora damos menos y lo excusamos. Eso es abandonar; bien podríamos admitirlo, y no intentar escondernos de la voz del Señor detrás de los árboles del jardín.

Nos apartamos cuando presumimos más de lo que solíamos hacerlo, cuando actuamos como si pudiéramos hacer las cosas por nosotros mismos, en nuestras propias fuerzas. Siempre que cedemos a nuestro impulso de presumir o de tener menos cuidado al hablar, eso es una evidencia y otro síntoma. Las conversaciones más puras y humildes del mundo deberían ser las conversaciones de los cristianos.

Oseas, que escribió mucho antes que Jeremías, nos dio uno de los mejores capítulos de la Biblia, el capítulo 14, el último de su libro, donde escribió: "Israel, ¡vuélvete al Señor tu Dios!"

(v. 1). No dijo que se volviera a la iglesia, aunque por supuesto eso es algo importante; sin embargo, dijo: "vuélvete al Señor tu Dios". David dijo: "Contra ti, y sólo contra ti, he pecado" (Salmos 51:4). Por lo tanto, si has pecado contra todos los vecinos de tu bloque, contra todos los ciudadanos de tu barrio, recuerda que en definitiva has pecado solo contra Dios. Vuélvete al Señor tu Dios porque has caído por tu iniquidad, y no hay ningún otro modo de caer.

Algunas personas dicen que su negocio o su trabajo les hicieron caer. No, caíste a causa de tu iniquidad. Otros quizá digan que su esposa no es comprensiva. Haz las cosas bien, continúa haciéndolo, y no culpes a tu esposo o tu esposa. Recuerda que Dios dijo: "Mi pueblo tiende a abandonarme", pero aquí el Señor dice: "Yo sanaré su rebelión. Les inmunizaré contra ello. Quitaré de ellos esa tendencia".

No creo que haya nunca un momento en el que el cristiano humilde pueda dejar de cantar: "Tiendo a alejarme, Señor, puedo sentirlo. Tiendo a dejar al Dios que amo". Estas palabras son del himno de Robert Robinson "Fuente de la vida eterna". Decimos la verdad cuando afirmamos: "Tiendo a alejarme, Señor, puedo sentirlo". Si no crees que tiendes a alejarte, intenta no orar durante unas semanas. Deja de leer la Biblia un tiempo, o deja de reunirte con el pueblo de Dios. No tardarás mucho en comenzar a alejarte.

Jesucristo dice: "Sanaré tu alejamiento poniéndome yo mismo al volante". Y, mientras Él esté ahí, no te alejarás.

Nos resulta difícil creer que el Señor nos ama igual cuando nos alejamos que cuando no nos alejamos, pero no deja de ser una gran verdad; lo dice la Biblia: "Yo sanaré su rebelión. Los amaré de pura gracia, porque mi ira se ha apartado de ellos. Yo seré para Israel como el rocío, y él florecerá como lirio y extenderá sus raíces como el Líbano. Sus ramos se extenderán, y su esplendor será como el del olivo, y su perfume será como el del Líbano" (Oseas 14:4-6).

¿Te acuerdas de las personas que solían estar bajo tu sombra, los que te admiraban, los que acudían a ti en busca de oración y ayuda? Ellos han permitido que su vida se deteriore; todos los que estaban bajo tu sombra se han alejado de ti. Ya no eres ayuda para ellos. Pero Dios le da la vuelta a todo eso, diciendo: "Volverán, y se sentarán bajo su sombra" (Oseas 14:7). Es como si estuviera hablando a un árbol que en un tiempo tuvo ramas frondosas y verdor, tanto que el ganado acudía a tumbarse bajo su sombra. El pastor los reunía allí, y las aves acudían para refugiarse del calor del verano y construir sus nidos. Pero entonces algo le sucedió a ese árbol, se cayeron las hojas y nunca volvieron a brotar. Ya no daba sombra ni servía para construir nidos en él, así que el ganado y las aves no regresaron. El árbol no hacía ningún bien a ninguna criatura. Entonces, Dios tocó el árbol y volvió a brotar, y las vacas, las ovejas y las aves regresaron de nuevo al árbol.

Dios dijo "vuélvete", y eso es lo que hizo Jacob en Betel. Eso es lo que hizo el hijo pródigo al decir: "regresaré a la casa de mi padre". Eso es lo que debe hacer todo aquel que se ha apartado de Dios. Tengo una versión del Antiguo Testamento que un grupo de setenta eruditos tradujo del hebreo al griego años antes del nacimiento de Cristo, y por esa razón se llama la Septuaginta. Después, el secretario de George Washington, un hombre docto y un gran erudito del griego, tomó esa Septuaginta en griego, que había sido traducida del hebreo, y la tradujo al inglés. Después se tradujo al español. Me gusta cómo se tradujo Jeremías 15:19, donde Dios dice: "Por esto dice el Señor: 'Si te convirtieres, te restituiré, y ante mi rostro estarás'". Ahora bien, la versión Reina Valera 1960 no difiere mucho: "Por tanto, así dijo Jehová: Si te convirtieres, yo te restauraré, y delante de mí estarás". Pero *restauración*, eso es exactamente lo que clama nuestro pobre corazón. Queremos ser restaurados a la gracia y el sentido de su presencia: "...y ante mi rostro estarás".

Si llevaras a un bebé asustado de la casa más pobre del país a la más rica, donde hubiera muebles lujosos y sábanas de seda, el niño seguiría llorando desconsolado y no se callaría hasta que no llegara su mamá. Podrías decir: "Cariño, ¿no te das cuenta de que esta mansión en la que estás cuesta un millón de dólares? Los muebles se importaron de Italia y Alemania. Las alfombras son de Turquía y la seda de Japón. La mesa de la comida está llena de cuberterías y porcelana china". Aun así, seguirías oyendo llorar al bebé porque nada traería paz a su corazón salvo su mamá.

Solo se necesitaría que la mamá entrara y abrazara al niño. Del mismo modo, Dios dice: "te restituiré, y ante mi rostro estarás". No puedes seguir apartado y no perder la presencia y la comunión de Dios. Serás una persona miserable llena de la desgracia de tus propios caminos.

John Wesley escribió: "Sí, a partir de este instante clamaré al Padre al que ofendí; siento mi propia ingratitud, yo, el más vil de todos sus hijos; no soy digno de ser llamado tu hijo; aun así, te tendré, Padre mío". Esa es la oración y el canto de un hombre que siente que no está donde solía estar. "Oh Dios", oraba Wesley, "a mí me encantaba orar, y ahora no me encanta orar. Solía amar la Biblia, pero ahora se ha vuelto un tanto insípida. Solía tener una buena conciencia que me mantenía recto y libre de ansiedad. Me gustaba la comunión de los santos, pero ya no es así. No soy digno de ser llamado tu hijo, y sin embargo te llamaré Padre".

Cuando el Señor te tomó, te bendijo y te cargó en sus brazos, Él sabía que eras un transgresor. Quizá tú mismo te digas: "He decepcionado a Dios", pero ¿cómo podrías decepcionar a alguien que sabía lo que ibas a hacer antes de que lo hicieras y conocía el final desde el principio? Solo puedes decepcionar a alguien cuando dicha persona no te conoce y cree que eres mejor de lo que realmente eres. Pero Dios no piensa que eres mejor de lo que eres; Él lo sabe.

Ahora bien, te advierto que, si verdaderamente eres un hijo de Dios y persistes en estar en un estado de tibieza, Dios promete castigarte. "Bien puedes ver que te he purificado, y no como a la plata; yo te elegí en el horno de la aflicción" (Isaías 48:10). Si un hijo de Dios que se ha apartado rehúsa arrepentirse y no admite que se ha enfriado, habiendo perdido su primer amor, tendrá que hacer frente al juicio de Dios. No me refiero a un castigo duro o la destrucción, sino más bien a la disciplina para volver a estar en orden, "porque el Señor disciplina al que ama" (Hebreos 12:6).

Pablo dijo: "Así que cualquiera que coma este pan o beba esta copa del Señor de manera indigna, será culpado del cuerpo y de la sangre del Señor. Por tanto, cada uno de ustedes debe examinarse a sí mismo antes de comer el pan y de beber de la copa.

Porque el que come y bebe de manera indigna, y sin discernir el cuerpo del Señor, come y bebe para su propio castigo. Por eso hay entre ustedes muchos enfermos y debilitados, y muchos han muerto. Si nos examináramos a nosotros mismos, no seríamos juzgados; pero si somos juzgados por el Señor, somos disciplinados por él, para que no seamos condenados con el mundo" (1 Corintios 11:27-32).

Yo temo la mano de disciplina de Dios porque su disciplina a veces es dura. Él sabe que eres demasiado valioso como para tratarte de forma liviana. Si se tratara de una patata quemada o de alguna baratija que se puede comprar en el mercado por unas cuantas monedas, puede ser desechada; sin embargo, si se trata de oro o plata se debe refinar, porque es demasiado preciosa como para perderla. Él dice: "Te he refinado, pero no como se refina la plata. Te he purificado, pero no como se purifica el oro. Te he purificado en el horno de la aflicción". Algunas veces, nuestras propias aflicciones son la disciplina de Dios para que no seamos condenados con el mundo, pero después Dios nos dice: "Si vuelves te restauraré, y habitarás en mi presencia". Y Dios no podría ofrecernos nada mejor que eso en todo el mundo.

Te alabo, Padre celestial, por la gracia de tu perdón. He caído muchas veces, pero tu gracia siempre me ha llevado de regreso a donde tú quieres que esté. Tu gracia es infinitamente mayor que mi pecado. Oro en el nombre de Jesús, amén.

VEN, ALMA MÍA, HOY

Ven, alma mía, hoy,
Tus miedos deja atrás;
Su sangre Él derramó
cual cordero en el altar
es mi abogado ante Dios
es mi abogado ante Dios
todo pecado Él ya olvidó.

Por siempre vivirá,
Jesús, mi intercesor;
Su amor nos redimió,
Su sangre derramó
Por todo pueblo en expiación
Por todo pueblo en expiación
Y sobre el trono la roció.

Las llagas de la cruz
suplican sin cesar,
Elevan oración,
Con fuerza han de clamar:
¡Señor, perdona al pecador!
¡Señor, perdona al pecador!
¡No lo dejes morir! ¡Oh No!

Ya no hay enemistad
Mi Dios perdón me dio,
Me quiso adoptar

Mis miedos alejó,
Confiadamente al trono voy
Confiadamente al trono voy
Y Abba Padre clamo yo.

Charles Wesley (1742)

6

CÓMO PODEMOS IMPEDIR QUE EL DIABLO SE APROVECHE DE NOSOTROS

Por esto decidí no hacerles otra visita que les causara tristeza.
Porque si yo los entristezco, ¿quién podrá alegrarme, sino aquel
a quien yo entristecí? Por eso les escribí como lo hice, para que
ustedes no me pongan triste cuando yo llegue, cuando en
realidad debieran alegrarme, pues yo estaba convencido de que
todos ustedes harían suya mi alegría.
2 Corintios 2:1-3

Contrariamente a lo que muchos cristianos piensan, la vida no es un juego sino una guerra. Todo depende de qué enfoque le demos a la vida cristiana. Si imaginamos que la vida cristiana es un juego, la trataremos como tal. Cuando el equipo occidental juega contra el equipo oriental, o cuando los Yankees se enfrentan a los Dodgers, es solo un juego. Tal vez hay dinero por medio y un poco de gloria, pero es un juego y nadie muere. Cuando se trata de la guerra, sin embargo, cuando un soldado marcha hacia el campo de batalla no va para ganar un juego. Va a matar o morir, a vivir o morir, y en un sentido espiritual y también real sucede lo mismo en la vida cristiana.

Estamos en guerra, y no es una guerra fría sino una guerra encarnizada, y contra el enemigo más cruel y mortal que haya existido nunca. Y ese enemigo no consiste en soldados armados de un emperador humano, presidente o primer ministro Ningún soldado o enemigo podría ser tan cruel, tan profundamente sádico y malvado como el antagonista contra el que luchamos. Estoy hablando, claro está, del diablo. Él odia a Dios. De hecho, odia todo lo bueno, cualquier cosa que tenga el sello de Dios estampado en ello. Aborrece a todas las almas de la tierra, especialmente las que escapan de sus garras, y por lo tanto hace guerra en un esfuerzo definitivo por arruinar a todo ser humano.

Todos los cristianos deben tener esta mentalidad: nos enfrentamos a un enemigo que está luchando por destruirnos por completo. Su intención es la de hacernos trizas, destruir nuestro testimonio cristiano y nuestra unidad, y sabotear todas las iglesias y familias que pueda en el tiempo que le queda. A eso se dedica.

En esta guerra, para el diablo no existen reglas. Él no se sujeta a ninguna Convención de Génova ni nada por el estilo. Tiene una ventaja sobre nosotros porque no tiene reglas y ataca cuando quiere. El que pertenece a una pandilla o el ladrón tiene una ventaja sobre el ciudadano decente porque éste reconoce las restricciones éticas, morales y legales, mientras que el bandido no reconoce ninguna. Así que Satanás tiene esta ventaja cuando merodea por el mundo caído, buscando a quién tender una emboscada sin importar quién sea: joven o anciano, rico o pobre, inocente o culpable. Él busca engañar, perturbar y destruir.

Por lo tanto, ¿cómo podemos impedir que el diablo saque ventaja en nuestra vida? Las siguientes son algunas maneras mediante las que el enemigo lo intentará:

En primer lugar, le damos ventaja siempre que toleramos el pecado o la ofensa. Por supuesto, la tolerancia es una virtud cuando se trata de tener paciencia con los que tienen una idea u opinión diferente a la nuestra, pero seguimos viviendo y trabajando a su lado en lo que llamamos una coexistencia pacífica. La tolerancia es una virtud cuando se trata de mostrar paciencia con los que tienen gustos distintos a los nuestros, porque no todos somos iguales. No es posible que todos los cristianos sean iguales. Debemos reconocer esto y permitir que la gente tenga cierta laxitud por causa de su humanidad. Así que la tolerancia es una virtud; significa vivir en paz con otras razas, culturas, lenguas y religiones.

Pero hay otro tipo de tolerancia, que es tolerar lo que Dios abomina. Si permites eso en tu casa, en tu negocio o en cualquier lugar de tu vida, Satanás tendrá ventaja sobre ti. Lo que Dios abomina no es una virtud, y al margen de los problemas que pudiera crear o cuánta persecución pudiera generar, un cristiano no debería tolerar lo que Dios abomina.

Piensa en Elí, en el Antiguo Testamento. Elí era un sacerdote que tenía dos hijos: Ofni y Finees. Elí toleraba la maldad de estos jóvenes. Cuando crecieron lo suficiente para ser sacerdotes, Elí era demasiado débil como para decirles no, así que permitió que sus hijos no sufrieran consecuencias por cometer asesinato. El resultado fue que robaron el arca de Dios, mataron a Ofni y Finees, la esposa de uno de ellos murió al dar a luz, Elí se cayó y se rompió el cuello, y el sacerdocio pasó de él al linaje de Samuel. "Los hijos de Elí eran unos malvados, y no reconocían la autoridad del Señor" (2 Samuel 2:12).

No puedes controlar lo que hacen tus hijos cuando no están en la casa, pero puedes controlar lo que hacen cuando están en la casa. Eso es lo que le ocurrió a un hombre que toleró lo que Dios abominaba. Algunos dicen que soy un tanto duro y que quiero saber por qué hago ciertas cosas. Quiero ser lo más amable posible con la gente, pero no permitirles que dejen entrar en la iglesia lo que es malo. Por lo tanto, no dejes entrar el mal; mantenlo todo lo lejos que puedas. Ya habrá suficiente cantidad de mal que entrará sin que seas consciente como para permitir que entre más cantidad de lo que sí eres consciente.

Los israelitas toleraron el pecado en medio de ellos, y el resultado fue que se alejaron de Dios e invitaron la desolación sobre Israel. Durante muchos años tuvieron muchos problemas con los madianitas, los cananeos, los filisteos y los demás porque Dios retiró su protección y porque toleraron lo que Dios abominaba. Si toleramos conductas, hábitos y actitudes erróneas y pecaminosas, le daremos ventaja al enemigo en nuestra vida. Es como salir al cuadrilátero de boxeo con una mano atada a la espalda. Ya tienes suficiente enemigo en tus manos sin ponerte deliberadamente en desventaja.

Por otro lado, otro modo de darle ventaja al diablo es siendo demasiado severo con los ofensores. El apóstol Pablo oró en una ocasión con la esperanza de que un hombre se arrepintiera antes de que su cuerpo fuera destruido, y en cuanto Pablo se enteró de que se había arrepentido, dijo: "Así que a quien ustedes perdonen, yo también lo perdono. Y se lo perdono, si es que hay algo que perdonar, por consideración a ustedes en la presencia de Cristo; no vaya a ser que Satanás se aproveche de nosotros, pues conocemos sus malignas intenciones" (2 Corintios 2:10-11).

Todas las iglesias debieran tener esa regla; toda madre y todo padre debieran tener esa regla. No toleres la maldad en tus hijos, pero no les recuerdes su pasado otra vez si se arrepienten e intentan hacerlo mejor.

Pablo sintió que el transgresor ya había recibido suficiente castigo con el desagrado mostrado por la multitud corintia y por su propia conciencia. Cuando Dios, para castigar a Israel, permitió que cierto rey marchara contra Israel, después se dirigió a ese rey y le dijo: "Yo estaba castigando a mi pueblo, y tú has añadido más castigo". Así que castigó al pueblo que había castigado a Israel siendo muy severo con los débiles y los pobres. En otras palabras, Dios permitió que Israel fuera castigado, pero no toleró que los castigadores se excedieran.

"Así estaría yo si no fuera por la gracia de Dios", dijo John Wesley cuando vio a un hombre tambaleándose por la calle. Nadie tiene derecho a creerse moralmente mejor que nadie, al margen de quién sea esa persona.

Para tener un equilibrio entre tolerar la ofensa o no tolerar la ofensa y aun así ser paciente con el ofensor se necesita más gracia y sabiduría de las que tú y yo tenemos. Dios tiene que ayudarnos con esto; si no nos ayuda, le damos ventaja al diablo. Cuando somos demasiado severos con las personas, el diablo toma eso y se lo lleva; y, cuando somos demasiado flojos con el pecado, el diablo toma eso y se lo lleva. Así que tengamos cuidado de no caer en sus manos en ninguno de los casos.

Otra manera de permitir que el diablo tome ventaja es cuando nos desanimamos por alguna derrota. Tú dices: "¿Acaso no eres tú un predicador conocido por tener lo que la gente llama una vida más profunda, la vida victoriosa?". Sí, pero también soy realista. No creo en decir "Me siento bien" cuando estoy enfermo o pálido y apenas si me mantengo de pie. No hay razón alguna para afirmar que el sol está brillando hoy cuando está cayendo una buena llovizna. No hay virtud alguna en no ser realista. John Wesley dijo: "Nunca dificultarás la causa de Cristo al admitir tu pecado, pero la dificultarás si cubres tu pecado".

La derrota es algo que experimenta el ser humano. Las personas a veces sufren derrotas en su vida, en sus planes, esperanzas y esfuerzos. Yo nunca he sido muy exitoso, pero tampoco he sido un completo fracaso. Me pregunto cómo reaccionaría si el consejo de la iglesia me llamara y dijera: "Ya llevas demasiado tiempo en tu puesto; fue bueno conocerte".

O si me llamaran de la oficina de Nueva York para decirme: "Ya has sido editor por mucho tiempo. ¿Podrías enviarnos tu máquina de escribir?". No sé cómo me lo tomaría. Así que te estoy dando algo aquí sobre lo que yo mismo no conozco bien, que es cómo manejaría un fracaso total de planes o esfuerzos, fracaso en la vida personal, y lo que significa caer de bruces y después permitir que la gracia de Dios te levante y te saque de esa situación.

Aun así, le daremos ventaja al diablo si nos desanimamos con las derrotas. No hay nada terrible en fallar, pero lo pasarás mal si te rindes y te quedas en el suelo. Caerse es algo definitivo solo cuando aceptamos que es definitivo. Los que levantan su mano y claman: "Señor, por favor ayúdame" recibirán la fuerza que necesitan para volver a ponerse en pie.

Quizá hiciste un propósito de Año Nuevo y a la semana lo rompiste, y eso es lo normal para ti. Hermanos, no se desanimen. Algunas de las personas más amadas de Dios están siempre arrastrando los pies. Nunca consiguen levantarse del todo y enfrentar los retos de la vida. Si ese es tu caso, pídele a Dios que te limpie y te sane. No esperes y dejes que las cosas se infecten. Si te cortas un dedo y no haces nada al respecto, podrías sufrir una infección, pero si lo tratas de inmediato puedes atajarlo rápidamente y permitir que empiece a sanar la herida.

Del mismo modo, Dios ofrece primeros auxilios a su pueblo. Está en 1 Juan 1:8-9 y en 2:1-2, donde Juan escribió: "Si decimos que no tenemos pecado, nos engañamos a nosotros mismos, y la verdad no está en nosotros. Si confesamos nuestros pecados, él es fiel y justo para perdonar nuestros pecados y limpiarnos de toda maldad". No hay razón para que nadie ande por ahí con una mancha en el alma, porque Dios ha provisto un remedio. La sangre de Jesucristo es "la propiciación por nuestros pecados; y no solamente por los nuestros, sino también por los de todo el mundo" (1 Juan 2:2). Por lo tanto, recuerda que si tu alma ha sufrido una derrota o tus planes se han estrellado contra el suelo y te sientes paralizado, si permites que esas cosas te desanimen caerás directamente en las manos del diablo.

Otra forma en la que podemos caer en las manos del diablo es cuando la victoria nos pone eufóricos. Una vez conocí a un predicador que decía cosas como esta: "Oh, tuvimos una reunión maravillosa con una atmósfera increíble". Era un meteorólogo religioso y siempre tenía que tener la atmósfera correcta para sentirse bien al respecto. Se puede dar el caso de ser victorioso y *no* tener una atmósfera muy agradable en la que ser victorioso. Sin embargo, la porción para cada cristiano es paz y gozo, y cierto deleite al adorar a un Dios perfecto e inmutable.

Esta es la filosofía del cristiano: si tenemos a Dios, aunque experimentemos alguna victoria no podemos tener nada más que Dios. Y, aunque suframos una derrota, no podemos tener nada menos que Dios. En cualquiera de los casos, siempre tenemos a Dios. ¡Ojalá los hijos del Señor recordaran que cuando tienen a Dios lo tienen todo! Cuando Dios te tiene a ti, y tú lo tienes a Él, no existe la derrota permanente. Si sufres una derrota no pierdes nada, y si eres victorioso no ganas nada porque tienes a Dios, ganes o pierdas.

Tardarás toda tu vida y quizá varios miles de años en el mundo en desarrollar esta actitud, y tal vez, como Dios es infinito, tardarás una eternidad en desarrollarla al completo. No hay éxito que pueda animarme, y no hay derrota que pueda desanimarme, pero sigo teniendo a Dios.

Los buenos predicadores, si son buenos, admitirán que no han aprendido mucho. Sin embargo, estudian tres libros. Estudian primero la Biblia. Después estudian su propio corazón, y finalmente estudian a las demás personas. Y en esos tres libros obtienen todo lo que necesitan: la Palabra del Dios vivo, a sí mismos y a los demás. Y la Palabra de Dios les da mil llaves, las cuales pueden usar para abrir mil secretos en su propio corazón y en el corazón de otras personas.

Y en mi estudio de las personas he descubierto que algunos nacieron bajo una nube plomiza o quizá en algún momento dispararon a un albatros, porque todo lo que hacen se convierte en derrota para ellos. Por otro lado, después de predicar un sermón o cantar un himno, algunas personas acuden a ti con lágrimas en los ojos y expresan cómo su corazón fue bendecido. Esa persona está en una actitud espiritual que puede recibir ayuda. Una vez prediqué un sermón muy común, y un hombre se acercó a mí después con una gran sonrisa y dijo: "No sentía mi corazón tan cálido desde hace años atrás como después de oír ese sermón". Pues bien, realmente no fue un sermón tan bueno; sencillamente comuniqué alguna verdad. Pero ahí estaba ese hombre con un corazón en una situación espiritual que le permitió recibir la verdad.

Tener una actitud de tristeza también puede hacerte caer en las manos del diablo y darle ventaja. Y ser criticón puede llevarte a esa tristeza. En otra ocasión, una persona vino a mí y dijo: "Estaba siendo derrotado en mi corazón, y las cosas no iban muy bien hasta que un día descubrí lo que era: te había estado criticando". Así que podemos ser duros críticos y criticones y darle ventaja al diablo de ese modo.

Juan el amado fue el crítico más agudo que haya tenido jamás la iglesia, pero lo hizo con amabilidad, lo expresó con amor e interés. No tenemos que aceptarlo todo; podemos ser críticos, señalando amablemente los defectos y pidiendo a Dios un remedio. Todos los profetas y apóstoles a lo largo de los siglos han hecho eso. Pero otra cosa muy distinta es ser un criticón.

Satanás es un criminal, y todos los criminales establecen un patrón inconsciente. Todos los expertos judiciales, criminólogos y policías lo saben si llevan algún tiempo en su trabajo. Aprenden que el delito tiene una extraña forma de repetirse. Si un hombre es ladrón, siempre roba del mismo modo. Es muy raro que cambie su modus operandi. El diablo es el criminal del universo, pero no es lo suficientemente sabio para escapar de su patrón.

Dios dice que, si leemos su Palabra y oramos, "te enseñaré los patrones para que nunca tengas que caer presa de las trampas del diablo. Conocerás al diablo cuando lo veas y lo huelas". No ignoramos sus maquinaciones. En todos esos engaños hay cierta semejanza, y derrotamos al enemigo cuando podemos reconocer cuáles son y después, por la gracia de Dios, los evitamos.

¿Cómo podemos conocer las maquinaciones y los trucos del diablo? Mediante la luz de la Palabra de Dios, pidiendo sabiduría en oración, y mediante la iluminación del Espíritu Santo. Pedro una vez cayó en manos del diablo cuando Jesús dijo que iba a morir. Pedro respondió: "Que esto jamás te suceda". Jesús le dijo a Pedro: "¡Aléjate de mi vista, Satanás! ¡Me eres un tropiezo! ¡Tú no piensas en las cosas de Dios, sino en cuestiones humanas!" (Mateo 16:23). Jesús sabía que era el diablo quien hablaba a través de Pedro, quien había caído en manos del diablo al no hablar desde el cielo sino desde la tierra.

Por la gracia de Dios, tengamos cuidado y mantengámonos alejados de las trampas del enemigo. Nada de lo que yo pueda decir impedirá que tropieces a menos que escudriñes las Escrituras por ti mismo, ores, y confíes en que el Espíritu Santo ilumine tu corazón. Esforcémonos todos por ser obedientes, amorosos y crédulos. El resultado será una vida de victoria.

Padre celestial, la batalla está delante de mí, y necesito tu ayuda y discernimiento para identificar quién es realmente mi enemigo. Dame la valentía para estar firme contra él, y para dejar que tu Palabra me fortalezca y me guíe en la dirección correcta. Te lo pido en el nombre de Jesús, amén.

OH DIOS, SOCORRO EN EL AYER

Oh Dios, Socorro en el ayer,
y hoy nuestro defensor.
Ampáranos con tu poder
y tu eternal favor.

Antes que toda la creación
hiciera oír tu voz,
Vivías Tú en perfección
eternamente, oh Dios.

En Ti mil años sombras son,
de un pasado ayer;
Y en Ti se encuentra la razón
de cuanto tiene ser.

El tiempo corre arrollador
como impetuoso mar;
Y así, cual sueño ves pasar
cada generación.

Oh Dios, Refugio del mortal
en tiempos de dolor,
En Ti la dicha sin igual
encuentra el pecador.

Nuestra esperanza y protección
y nuestro eterno hogar,
En la tormenta o en la paz,
sé siempre Tú, Señor.

Isaac Watts (1719)

7

CÓMO USA DIOS LAS PRUEBAS Y LAS DECEPCIONES

Así ha dicho el Señor: "No vayan a pelear contra sus hermanos israelitas. Regresen a sus casas, porque esto lo he provocado yo". Y los dos bandos hicieron caso de las palabras del Señor, y en conformidad con ellas regresaron a sus casas.

1 Reyes 12:24

Roboam era el hijo de Salomón, y se había convertido en rey tras la muerte de su padre. Siguió el mal consejo de sus consejeros y llevó a cabo algunas acciones políticas, lo cual causó la separación de una parte de la nación.

Jeroboam, un hombre ambicioso, había tomado parte en el liderazgo de la nación, declarando que quería llegar a ser el rey. Roboam quiso intentar detener eso saliendo a la guerra, pero tuvo la capacidad suficiente de escuchar a Dios como para oírlo decir: "No vayan a pelear contra sus hermanos israelitas. Regresen a sus casas, porque esto lo he provocado yo".

Dios le dijo a Salomón que su reino sería dividido, y ahora Salomón ya no estaba. Aun así, Dios estaba llevando a cabo su plan, el cual se desplegaba delante de los ojos del hijo de Salomón. Su hijo se dispuso a intentar enderezar las cosas, pero Dios dijo: "No lo hagas".

Esas son las circunstancias históricas que nos da el hermoso versículo al comienzo de este capítulo. Estas palabras están entre las que más libertad y consuelo nos dan de toda la Biblia. Sin embargo, la verdad sugerida se desarrolla y fortalece a lo largo de toda la Biblia hasta que, en el Nuevo Testamento, brilla como el sol, produciendo luz, calor y salud para todos nosotros. Es simplemente esta: todo lo que le sucede a un cristiano y siervo del Señor viene de Dios.

Sabemos que las leyes naturales gobiernan el mundo natural, y estas leyes se administran de forma imparcial, "para que sean ustedes hijos de su Padre que está en los cielos, que hace salir su sol sobre malos y buenos, y que hace llover sobre justos e injustos" (Mateo 5:45). El grano y el fruto de las cosechas llegan de igual forma a creyentes e incrédulos. Y la enfermedad y el dolor no solo visitan a las malas personas sino también a las buenas personas. Hay pérdida, y hay dolor. La pérdida y el dolor llegan de forma tan cierta y frecuente a los cristianos que han sido perdonados como a los que están sumidos en su pecado. También la muerte visitará tanto a los hijos de Dios como a los perdidos, "y así como está establecido que los hombres mueran una sola vez" (Hebreos 9:27). Todo esto ocurre según la ley de la causa y el efecto que gobierna el mundo natural, algo que no podemos hacer nada por cambiar. Esta idea nos ha dado a todos la triste y hermosa poesía del mundo.

El poeta inglés Edward FitzGerald, en su traducción de los poemas de Omar Khayyam, escribió: "No somos más que una fila en movimiento / De sombras mágicas que vienen y van...". FitzGerald también asemeja a los seres humanos con el juego de damas: "Es todo un tablero de damas de noches y días / Donde el destino juega con los hombres como piezas: / Se mueve de acá para allá, y hace jaque mate y mata, / Y uno por uno los guarda de nuevo en la caja". Otros han comparado a la persona individual con un balón de fútbol pateado o un corcho que flota en el agua.

Aunque todo esto es cierto, el poeta no tiene en cuenta a Cristo. Hay un mundo natural lleno de personas, y leyes naturales que gobiernan este mundo. Un observador bien podría llegar a la conclusión de que la humanidad es simplemente una sucesión de sombras mágicas que van y vienen, o que cada uno de nosotros es una ficha de damas en el tablero de la vida. Y eso es a la vez preciso y realista, no necesariamente pesimista, y a la vez saca de la ecuación a nuestro Señor Jesucristo.

Tengo una noticia excelente: los cristianos no entran totalmente en esta ley. Los creyentes han entrado en un nuevo reino, y en este reino todo es distinto. Los cristianos quizá puedan ser descritos de manera poética como un balón de fútbol, pero sonríen irónicamente cuando sienten que los patean porque saben que, a base de patadas, se les está dirigiendo hacia cierta meta. Quizá se sientan como una pieza de damas en una partida sobre un gran tablero, pero en este nuevo lugar en el reino de Dios también saben que no están sujetos a las leyes de la suerte.

Puede que sientan que son tan solo polvo, como nos dice el salmista en la Palabra de Dios, pero su confianza en las promesas de Dios confirma que están siendo soplados gentilmente hacia su casa, el cielo y el Padre. Quizá se sientan como un corcho, sumergiéndose y emergiendo en depresión y prosperidad, enfermedad y salud, pérdida y ganancia, tristeza y alegría, y tal vez sientan que las olas del tiempo les están alejando, pero mediante la fe también saben de cierto que están bajo el ojo atento de Dios. Y el Padre les guiará por esta vida hasta que estén a salvo con Él.

¿Alguna vez te has parado a considerar cómo sería nuestro mundo en veinticuatro horas si Dios dijera: "Voy a dar a todas las personas todo lo que quieran. Lo único que tienen que hacer es desearlo, y lo recibirán"? Si todos viviéramos en un cuento de hadas así, ¿cómo sería el mundo en el que viviríamos?

Piensa en el tiempo atmosférico, por ejemplo. Si fuera la temporada de béisbol, querríamos un tiempo primaveral; si fuera la temporada de fútbol, querríamos un tiempo algo más frío. Si la iglesia va a ir de picnic, querrían que no lloviera; las personas con pasto en sus patios querrían lluvia. Un agricultor quiere el aire caliente y calmado para que crezcan sus cosechas, mientras que los que viven en la ciudad con polución quieren que haga viento para que limpie la polución. Así que no sería muy fácil que la gente se pusiera de acuerdo. El anciano quiere tranquilidad, y el joven quiere una vida ruidosa y ajetreada. No podríamos juntarnos porque no queremos lo mismo, y a veces ni siquiera sabemos lo que queremos.

No sabemos lo que queremos porque no nos conocemos a nosotros mismos. No conocemos muy bien el mundo que nos rodea. No conocemos en absoluto el futuro. Solo conocemos el pasado someramente, y no sabemos lo que es bueno para nosotros. Si todos tuviéramos lo que preferimos en el mundo que nos rodea, sería una de las peores cosas que nos podría suceder. Sería como un niño de tres años que consigue comer siempre lo que le gusta. Nunca comería nada bueno para él, sino tan solo cosas dulces y sufriría el resto de la noche. Nunca maduraría ni se convertiría en un ciudadano saludable. Por lo tanto, debemos imponer disciplina a nuestros hijos para ayudarlos a crecer, enseñándoles lo que es bueno para ellos.

Es ahí donde nos encontramos exactamente en el reino de Dios. Aunque somos cristianos y nacidos del Espíritu, seguimos sin saber qué es bueno para nosotros. Así que Dios tiene que escoger por nosotros. "Escogió para nosotros la tierra que habitamos; ¡es el orgullo de Jacob, a quien amó!" (Salmos 47:4). Él escoge y nos envía las cosas que debemos tener.

Eso no descarta la oración, por supuesto, ya que el Espíritu Santo nos dice las cosas por las que debiéramos orar, y así podemos ayudar a dar forma a los eventos mediante las oraciones que hacemos inspirados por el Espíritu. Pero si piensas en tu vida en el largo abanico de circunstancias entre el tiempo desde que te convertiste hasta tu muerte, te alegrarás de que Dios escoja tu herencia por ti. Podría ir a la Biblia y mostrarte unas seis circunstancias distintas que llegan a hombres y mujeres, y podemos escribir después de cada una de ellas: *Esto viene de Dios*. Él escoge nuestra herencia, y cuando la miramos y decimos: "Yo no quiero eso", Dios responde: "Hijo, hija, esto viene de mí". Y bendito es el cristiano que aprende a aceptarlo.

Pero ¿cómo encaja la tentación en todo esto? ¿Por qué, como cristianos, somos tentados? Me gusta responder con el lenguaje del oficial que responde al recluta que echó a correr cuando el enemigo comenzó a disparar. El oficial le preguntó al joven soldado: "¿Para qué crees que estás aquí?". Cuando un cristiano va y dice: "Pastor, estoy siendo tentado", me gusta responder: "Bueno, ahora eres un soldado. Estás en una batalla, y ¿para qué crees que estás aquí sino para que te disparen?".

Cuando nuestro Señor fue tentado en el desierto, fue tentado por un enemigo cruel, y sus tentaciones fueron reales y válidas. Él fue tentado por dos razones: para saber que sería perfeccionado para la obra de su vida, y para aprender obediencia mediante las cosas que sufrió.

Cuando Satanás descubrió que no podía hacer que el Hijo de Dios pecara, se alejó de Él. El Señor Jesucristo resistió contra las tentaciones del diablo, y provocó que el mismo diablo quedara mal y provocó que se conmovieran los cimientos del infierno. ¿De qué otra manera podía Dios haber dado un testimonio del infierno y la tierra a Jesús si no hubiera sido mediante la tentación?

Cuando nuestro Señor tuvo hambre por cuarenta días y sufría una gran angustia física así como debilidad mental tras haber sido tentado tan amargamente, ¿no crees que en su corazón humano podría haber dicho: "¿Por qué tengo que pasar por esto?". La respuesta del Padre fue: "Esto viene de mí. He permitido que vivas esta experiencia. No estás solo. He estado contigo, y estás siendo tentado como parte de mi voluntad".

Ahora bien, eso tiene que animarnos a todos. Si estás siendo tentado de forma cruel y amarga, no dejes que eso te desanime. Incluso en medio de la tentación, Dios dice: "Esto viene de mí". Así que deja de preocuparte y abusar de ti mismo, fustigándote como los flagelantes y diciendo: "No sirvo para nada. Me azotaré. Estoy siendo tentado". Por supuesto que estás siendo tentado. El siervo no es mejor que su Señor. Esto viene de Dios.

Pero ¿qué hay de la persecución? El pasaje al final de Génesis nos muestra algo maravilloso. José fue vendido como esclavo en Egipto por una pequeña cantidad de dinero y fue encarcelado, teniendo que sufrir varios años en prisión. Más adelante, sin embargo, cuando sus hermanos llegaron, José era el segundo hombre más poderoso después del rey, gobernando sobre todo Egipto como primer ministro. Cuando José se dio a conocer a sus hermanos, éstos lloraron, y José les dijo: "Ustedes pensaron hacerme mal, pero Dios cambió todo para bien, para hacer lo que hoy vemos, que es darle vida a mucha gente" (Génesis 50:20).

Cuando el pobre José estaba pasando por su persecución, no cabe duda de que dudó del porqué Dios lo había permitido. Sus hermanos lo estaban persiguiendo, pero Dios dijo: "No te alteres. Esta persecución viene de mí para salvar la vida de muchas personas".

¿Y qué del fracaso? Pedro negó a su Señor, y tendríamos que admitir que eso fue un fracaso. Pero mucho antes de que Pedro mintiera, usara un lenguaje profano y negara a su Señor, el Señor ya había presagiado ese evento. "El Señor dijo también: 'Simón, Simón, Satanás ha pedido sacudirlos a ustedes como si fueran trigo; pero yo he rogado por ti, para que no te falte la fe.

Y tú, cuando hayas vuelto, deberás confirmar a tus hermanos'"
(Lucas 22:31-32).

Las oraciones de Jesús habían prevalecido y llegaron de
forma eficaz al cielo a favor de Pedro antes de que el discípulo
fuera tentado por este pecado. Nuestro Señor Jesús vio a Pedro
como media medida de paja y trigo, pero Pedro se veía a sí
mismo como una medida completa de trigo. No veía la paja en
absoluto. El diablo quería destruir a Pedro, así que el Señor dijo:
"Está bien, diablo, ve y sacúdelo y sopla contra él un rato".

No hay duda de que el diablo puso una de sus sonrisas más
diabólicas y dijo: "Voy a derribar a Pedro". Así que lo sacudió
y zarandeó, y Pedro, en medio de todo eso, quedó moralmente
mareado y negó a su Señor. Pero cuando se terminó el zaran-
deo la paja se fue, y Pedro quedó reducido a lo que había sido
durante todo el tiempo: un cuarto de trigo y cincuenta cuartos
de paja. Pedro pensaba que era todo trigo, y el diablo pensaba
que era todo paja. Pero Jesús sabía que era parte paja y parte
trigo, así que se deshizo de toda la paja.

Todos tendemos a sobreestimarnos. Nos gusta regodear-
nos en nuestros éxitos y lo que la gente piensa de nosotros, y
es probable que lleguemos a creer que somos mejores de lo que
realmente somos. Cuando Dios nos dice la verdad, a veces no
queremos creerla. Jesús le dijo a Pedro: "Pedro, me negarás".
Pedro respondió: "¿Negarte yo? Oh no. Quizá otros lo hagan,
pero yo no". Sin embargo, después hizo lo que juró no hacer, y el
Señor sonrió y dijo: "Esto viene de mí, Pedro". Y, cuando Pedro
fue bien recibido de nuevo a la comunión con su Señor, nunca
más volvió a cometer ese error. El Señor usó el fracaso de Pedro.

Tal vez has fallado recientemente. Si es así, no hay razón para que te sigas repitiendo: "No soy bueno". Es cierto, no eres bueno, pero ninguno lo somos y aun así tenemos a Aquel que nos ama a pesar de nuestros errores, nos ama tanto que murió por nosotros para asegurar nuestra salvación. Y nos hizo la niña de sus ojos, y lo escribió en sus manos, en su corazón y en sus hombros, así que debemos valer algo a fin de cuentas. Cuando le fallemos, debemos recordar: "Esto viene de mí". Ahora bien, si inclinamos la cabeza y le pedimos que nos perdone por haberle fallado, recordaremos cuán pequeños y débiles somos, lo mucho que necesitamos al Señor, y cómo confiar más en Él de lo que confiábamos antes.

También hay pruebas de pérdida. Piensa en Lázaro, el hombre que murió mientras Jesús estaba de viaje. Jesús llegó tarde al lugar, y cuando llegó, Lázaro ya estaba en el sepulcro. Jesús fue al sepulcro y dijo: "Lázaro, sal fuera". Y Lázaro salió. Pero no salió solo. ¿Sabes lo que salió de la tumba con Lázaro? El capítulo 11 de Juan. Entre otras cosas, Juan nos da estas preciosas palabras de Jesús: "Yo soy la resurrección y la vida; el que cree en mí, aunque esté muerto, vivirá" (Juan 11:25).

Desde el día que Juan narró estas palabras de Jesús, hay una luz que ha estado encendida en más tumbas de las que podríamos contar. Y este único versículo ha aportado esperanza a incontables personas que han perdido a sus seres queridos, y ha dado consuelo a millones de creyentes mientras estaban en su lecho de muerte. Lázaro no salió de la tumba solo; el esperanzador, brillante y vibrante capítulo 11 de Juan salió con él. "Esto viene de mí. Dejo que mueras", dijo Jesús, "para que esto sirva de escalera a las generaciones futuras para que puedan subir por ella; esto será una victoria sobre la tumba. Esto será una luz para todos los que creen".

Hay pruebas y tribulaciones. Leí recientemente sobre un barco en el mar que, durante una violenta tormenta, quedó encallado en un banco de arena mientras la popa era golpeada por el viento y las olas. El barco se rompió en pedazos, y todos tuvieron que saltar, asirse a una tabla del barco y nadar hasta la orilla.

El apóstol Pablo tuvo su parte de tribulaciones. Dijo que durante catorce días y catorce noches no habían visto el sol ni una sola estrella, y no tenían comida adecuada en su pequeño barco, el cual era movido en el terror del Mar Mediterráneo.

Pero Dios dijo: "No te preocupes, Pablo, esto viene de mí". ¿Y cuál fue el resultado? La luz del cristianismo llegó a la pagana Roma, y se salvaron muchas vidas. Para Pablo, la situación podría parecer como si alguien la hubiera tomado con él, pero para Dios todo formaba parte de un propósito mayor.

Otro ejemplo de la Biblia es la historia de un hombre que nació ciego, y sus padres sufrían terriblemente por ello. Su hijito no podía ver, y después cuando comenzó a tropezarse, caer y chocarse contra las cosas y hacerse daño, no cabe duda de que la amargura entró en el corazón de sus padres. Y, si no había amargura, quizá había desconcierto mientras se preguntaban: "¿Por qué nuestro hijo tuvo que nacer ciego?".

Pero el mismo hombre que nació ciego encontró a Jesucristo debido a su condición. Si no le hubiera faltado la vista, probablemente habría estado trabajando en lugar de estar sentado junto al camino. Pero, como no podía ver, estaba encerrado en

Cómo usa Dios las pruebas y las decepciones 91

los oscuros límites de su mente. Sin embargo, sus oídos estaban muy desarrollados, y escuchó el sonido de pisadas que se acercaban. ¿Quién era? Era Jesús de Nazaret. El hombre gritó: "Hijo de David, ten misericordia de mí". Encontró al Señor, se levantó y lo siguió, y ahora está con el Padre en el cielo para toda la eternidad. "Esto viene de mí".

Hay pequeñas decepciones que salen a nuestro encuentro. Siempre queremos que las cosas salgan a nuestra manera. Imagínate a un niño de doce años que el sábado en la mañana de un picnic planeado, se levanta de la cama y mira por la ventana y ve que está lloviendo a mares. Eso es la agonía y el agudo mordisco de la decepción. El buen tiempo que iba a pasar ese día ha quedado arruinado. La decepción y el dolor en un niño de doce años es algo, pero incluso cuando nos hacemos mayores no mejoramos mucho en realidad, ¿verdad? Quizá nos hemos hecho un poco más fuertes, pero nos decepcionamos tan rápida y fácilmente como cuando éramos niños.

Por lo general, las decepciones de la infancia se producen por cosas sin importancia, pero hay otros tipos de decepción que son bastante serios. Por lo tanto, ¿qué deberíamos hacer cuando nos ocurren esas cosas? La respuesta para los hijos de Dios es oírlo cuando Él dice: "Esto viene de mí". Cree eso en tu tristeza, y llegará el día en el que lo creerás en tu gozo. Créelo en tus lágrimas, y llegará el día en que lo creerás con tu sonrisa. Porque lo que para ti es una decepción podría ser una *cita* de Dios para ti.

Padre celestial, gracias por todas las cosas que me han ocurrido, que son para mostrarme cuán débil soy y cuánto necesito tu gracia y tu misericordia. Tu fortaleza es lo único que me sostiene cada día. Te alabo y te doy gracias. Te lo pido en el nombre de Jesús, amén.

ES JESÚS MI AMANTE GUÍA

Si Jesús es quien me guía,
¿cómo más podré temer?
¿Dudaré de su porfía
si mi herencia en El tendré?
Tierna paz en El ya gozo,
suyo soy ya por la fe;
En la lucha o el reposo
en su amparo confiaré.
En la lucha o el reposo
en su amparo confiaré.

Es Jesús mi amante guía,
mi esperanza, mi solaz;
Mi consuelo es en el día,
y en la noche grata paz.
Mi poder en la flaqueza,
mi maná, mi libertad;
Es mi amparo en la tristeza;
suple mi necesidad.
Es mi amparo en la tristeza;
suple mi necesidad.

Es Jesús mi amante guía,
de mi ser, consolación;
De lo que antes carecía
El me imparte en profusión.
En la gloria me promete
divinal seguridad;

El será mi brazo fuerte,
Guía por la eternidad.
El será mi brazo fuerte,
Guía por la eternidad.

Fanny Crosby (1875)

8

CÓMO USA EL DIABLO LA RELIGIÓN PARA ATACARNOS

Todos los cobradores de impuestos y pecadores se acercaban a Jesús para escucharlo. Los fariseos y los escribas comenzaron a murmurar, y decían: "Éste recibe a los pecadores, y come con ellos".
Lucas 15:1-2

Hay dos tipos de pecadores: el pecador religioso y el pecador no religioso. Entre las personas que vivían en los tiempos de Jesús había cuatro clases: publicanos, pecadores, fariseos y escribas. Aunque todos eran en realidad pecadores, los fariseos y escribas no sabían que lo eran, mientras que los publicanos y pecadores sí lo sabían.

Lo más significativo es que uno de los mayores conflictos que experimentó Jesús mientras caminaba por esta tierra fue

con las personas religiosas, y si lo estiramos un poco, nos daremos cuenta de que el conflicto de Jesús tuvo que ver con los orto-
doxos. Descubrirás en el Nuevo Testamento que se dibuja una
marcada línea de demarcación, con el Señor Jesús en un lado y
sus enemigos en el otro.

En los tiempos en que vivimos, cuando pensamos en un
conflicto de Jesús con sus enemigos tal vez visualizamos a Jesús
en el mismo lado con cristianos fundamentalistas, presidentes
de institutos bíblicos y profesores de homilética, buenos obreros
de la iglesia y miembros de los consejos de dirección, evangelis-
tas, pastores y demás. En el otro lado quizá nos imaginamos a
los liberales y todos aquellos que dirigen tabernas, pandilleros y
delincuentes juveniles, prostitutas y ladrones.

Esto parece bastante claro. El único problema es que no es
cierto. Cuando nuestro Señor Jesucristo estaba en la tierra, esta
era la división: en un lado estaba Jesús y a su lado estaban las
prostitutas, los publicanos y paganos, los que no podían andar,
ver, oír o hablar, las personas enfermas. Al otro lado de la línea
estaban los dirigentes de sinagogas y fundamentalistas, los fariseos y los obreros de la iglesia, los canteadores y los que leían la
ley de Moisés todos los días o semanalmente en la sinagoga.

Por lo tanto, cuando Jesucristo descendió de la pura gloria
del cielo para caminar entre nosotros, ese alma inmaculada que
nunca había conocido ni la más mínima sombra de mal pen-
samiento, los únicos enemigos que encontró fueron no solo los
religiosos sino también *su* pueblo religioso. Sus enemigos eran
los judíos y su pueblo que exponía las Escrituras correctamente.
Jesús no reprendió sus posturas doctrinales. No les corrigió
diciendo: "No enseñan las Escrituras como debieran". No dijo

eso, porque sus enemigos eran buenos expositores. Eran los conservadores de la ortodoxia, y aquellos donde debería haber morado la justicia. Sin embargo, refiriéndose a Jesús, ellos dijeron: "Éste recibe a los pecadores".

Estos religiosos persiguieron a Jesús hasta que finalmente lo pusieron donde habían planeado ponerlo desde el principio: en la cruz romana. Y ahí fue colgado, con la sangre recorriendo su costado y chorreando por sus pies hasta llegar al suelo rocoso. Y quienes lo colgaron no fueron los paganos, ni las prostitutas ni los publicanos, sino los escribas, los fariseos y los sumos sacerdotes, las personas buenas y morales. La religión sin amor es algo peligroso.

Los religiosos dijeron: "Escuchen a este blasfemo. Afirma que, si destruimos el templo, él lo levantará en tres días". Y en su santurronería no vieron que Jesús estaba proclamando a la gente que Dios les había entregado a Él mismo como un templo eterno. "Este templo", dijo Él, "es mi cuerpo, y algún día lo destruirán en la cruz, y en tres días se volverá a levantar de la muerte y saldré de la tumba. Estableceré la vida eterna y la sacaré a la luz a través de mi evangelio, para que todo el mundo agonizante pueda vivir para siempre si se arrepiente y cree en mí, y todos los que están marcados por la mortalidad se volverán inmortales". Resucitarán de la muerte así como Él resucitó de la muerte, pero los religiosos no entendieron a qué se estaba refiriendo, así que lo tomaron y lo clavaron a una cruz para que muriera por afirmar que iba a levantar el templo en un plazo de tres días.

La curación de Jesús de un enfermo el día de reposo también era algo contrario a los religiosos de su tiempo. A Jesús no le importaba detenerse para sanar a personas en el día de reposo.

Nuestro Señor era muy informal, completamente relajado y tranquilo, tanto que se acercaba a los que tenían necesidad de forma espontánea y sin fanfarria. No había programas impresos y distribuidos para anunciar sus obras milagrosas, y nadie sabía exactamente lo que ocurriría. Sin embargo, el amor estaba obrando. El amor estaba caminando por la tierra sanando, bendiciendo, enseñando, advirtiendo, atrayendo a las personas a sí mismo, a los que tenían oídos para oír (Mateo 11:15; Marcos 4:9).

Cuando Él se acercaba a los enfermos u observaba que alguien estaba sufriendo, los sanaba. Los fariseos decían: "No podemos permitir esto. Va en contra de nuestra tradición. Es contrario a las leyes de nuestros padres". Ellos lo miraban fijamente mientras Él hacía que desapareciera el dolor de la gente, y lo miraban fijamente mientras los ojos ciegos de repente se llenaban de luz, y la persona curada veía por primera vez el cielo azul y la hierba verde. Decían: "No podemos tolerar esto. Si este hombre continúa sanando en día de reposo trastornará nuestro orden constitucional, y perderemos nuestra influencia entre el pueblo si no lo arrestamos pronto". Sin embargo, tenían que esperar que llegara el momento oportuno. No podían matar a Jesús de inmediato porque tenían miedo de la reacción del público. Pero, en cuanto pudieron atraparlo, crucificaron al hombre que se había acercado y amado a las personas, sanándolos y restaurándolos uno a uno.

Muchas personas han glorificado a Jesús a lo largo de los siglos por haber amado a las personas, y si Él amó a las personas, yo quiero amar a las personas. Por supuesto, amar a otros no significa ser alguien blando, apocado y sonriente. Los fariseos amaban a las personas técnicamente y legalmente, mientras que Jesús los amaba de verdad. Él caminó entre ellos y los sanó. De hecho, amar a la gente era más importante para Él que los principios, las leyes y las estipulaciones. En todo el mundo hoy día están quienes pueden darle gracias por amar a la gente, por amar a las personas sencillas, a las personas enfermas, a las personas cansadas, a las personas de mayor edad y a las personas afligidas.

Otra razón por la que los religiosos menospreciaban a Jesús era porque exponía su hipocresía. Con amor en su corazón, el Señor veía más allá de las pequeñas argucias de los líderes religiosos. Veía cómo caminaban por ahí calladamente, acariciando sus barbas, cómo oraban y cómo movían sus santas filacterias para asombrar al público y al pueblo común, mostrando delante de todos cuán importantes eran.

Ahí estaban los doctos rabinos con sus vestimentas religiosas, con su barba y su cabello perfectamente arreglado, y todo su aspecto impecable al menos externamente. Pero Jesús veía más allá de sus túnicas y veía los gusanos arrastrándose en su corazón y las serpientes recorriendo su alma y la oscuridad de sus mentes. Se acercó a los sacerdotes con valentía y les dijo la verdad de su verdadero estado delante de Dios.

Los sacerdotes no podían tolerar eso porque, si lo hacían, tendrían que encontrar un trabajo de clase más baja si Jesús los exponía por cuán hipócritas y sinvergüenzas eran. Esto es lo que yo llamo *clericalismo* y aún existe hoy día. No hay que mirar a la iglesia católica para encontrarlo, porque está también en las iglesias protestantes. Le pido a Dios que nos libre de todo el clericalismo hipócrita que exista en la iglesia.

Cuando Juan vio a Jesús en una visión caminando entre los candeleros de oro, observó un cinto en sus lomos, y en ese cinto vio dos llaves. Son las llaves de la muerte y del infierno. Nadie más tiene estas llaves: ninguna iglesia, ninguna denominación, ninguna escuela, ninguna conferencia, ningún concilio, ninguna universidad de cardenales, ningún obispo, ningún papa, ningún rabino. Así que Jesús retiró las llaves de los sacerdotes y las puso en su cinto, y abre el cielo y el infierno como Él quiere para los que lo aman y para los que lo rechazan. Me alegro por ello, ¿y tú? Sin embargo, lo crucificaron por esos mismos cargos que ya he mencionado.

Aquellos fariseos dijeron: "Este recibe a los pecadores". Lo acusaron y fueron contra Él, y aun así a lo largo de los siglos las personas lo han alabado por aceptar a los pecadores.

John Newton, D. L. Moody, y Agustín dieron gracias a Dios por recibir a los pecadores. Nosotros damos gracias a Jesús por lo que ellos lo maldijeron y le alabamos por lo que ellos le crucificaron. Ellos lo clavaron en una cruz porque Él no estaba de acuerdo con que la justicia era algo externo, algo que tenía que ver con cumplir las leyes y las reglas. En vez de eso, Jesús enseñaba que la justicia era algo interno, un asunto del corazón. Por lo tanto, usaron sus leyes y sus reglas para clavarlo en la cruz. Dijeron: "Le crucificaremos porque se atreve a recibir a los pecadores". Después, estos verdaderos pecadores e hipócritas le escupieron. Jesús fue voluntariamente a la cruz, sangró y murió por esas personas que le habían escupido.

Nos ayudaría mucho rebajarnos. La humildad, el arrepentimiento, la autocrítica y el temor del Señor son cosas preciosas ante los ojos de Dios. Siempre que hay penitencia, se levanta como un dulce aroma de incienso ante el Altísimo. Por el contrario, incluso un diminuto punto de superioridad que entre en nuestro corazón hiede ante su santidad. El Espíritu Santo obra para que seamos cristianos justos y a la vez no seamos santurrones. Y, si Dios no obra en nuestro interior para hacernos humildes, mansos y modestos, somos aptos para que en nuestro corazón se encienda eso que tenían los escribas y los fariseos, esa terrible santurronería que no reconoció a Dios a pesar de tenerlo a un palmo de distancia. Esa cosa terrible que antepone las palabras a los hechos, y las leyes a las personas, y que crucifica a un hombre cuyo único delito fue amar a los pecadores y sanar a los enfermos en un día santo.

Él, que con un gran brillo en los ojos le decía al mundo: "Yo he venido para traer inmortalidad, he venido para quitar los pecados". Esos fueron sus delitos. Los líderes religiosos los fabricaron. Pagaron a hombres mentirosos y sobornaron a testigos para mentir con respecto a Él, pero no pudieron hacer que eso permaneciera. El único delito que pudieron atribuirle fue que afirmó ser igual a Dios: "El Padre y yo somos uno" (Juan 10:30). Pero era cierto, y me alegro de que Él sea Dios. No puedo ponerme en manos de nadie que sea menor que Dios.

Mientras mantenga mi mente cuerda, mis dos rodillas nunca se postrarán ante ningún hombre. Pero hay un Hombre cuyo nombre es Jesús, nacido de la virgen María, que sufrió bajo Poncio Pilato, fue crucificado, y resucitó de la muerte al tercer día para ascender hasta la diestra de Dios el Padre Todopoderoso, y desde allí juzgará a vivos y muertos. Ese Hombre dijo: "El Padre y yo somos uno". Yo, al menos, lo creo, y me postraré ante Él.

Oh Dios, con temor y humildad me postro delante de ti hoy. El enemigo sabe muy bien cómo engañarme para que caiga en alguna forma de herejía. Cómo te alabo al saber que el Espíritu Santo me está guiando cada día para seguirte con más fidelidad y me defiende de los ataques del enemigo. Te lo pido en el nombre de Jesús, amén.

UN GRAN SALVADOR ES JESÚS

Un gran Salvador es Jesús el Señor,
Un gran Salvador para mí.
Protege mi vida de todo temor,
refugio me ofrece aquí.

Protege mi alma de todo temor,
la libra de toda ansiedad.
Mis dudas quitó y yo sé que su amor
feliz protección me dará.

Un gran Salvador es Jesús el Señor,
mi horrendo pecado quitó.
Me guarda y sostiene feliz en su amor,
mi vida del mal redimió.

Protege mi alma de todo temor,
la libra de toda ansiedad.
Mis dudas quitó y yo sé que su amor
feliz protección me dará.

Raudales de gracia recibo de él,
raudales de paz y virtud;
Su Espíritu inunda del todo mi ser,
de gozo, sin par plenitud.

Al ser transportado en las nubes feliz,
con gloria mi Dios a encontrar,

Su amor infinito, su gracia sin fin,
mis labios habrán de alabar.

Protege mi alma de todo temor,
la libra de toda ansiedad.
Mis dudas quitó y yo sé que su amor
feliz protección me dará.

Fanny Crosby (1890)

9

DESÁNIMO: UNA HERRAMIENTA VALIOSA DEL DIABLO CONTRA LOS CRISTIANOS

Dense cuenta de que el Señor su Dios les ha entregado la tierra. ¡Adelante! Tomen posesión de ella, conforme a la promesa del Señor, el Dios de sus antepasados. ¡No teman ni desmayen!

Deuteronomio 1:21

Dudo que el desánimo sea el mayor enemigo que tiene el cristiano, pero fácilmente podría ser la mayor molestia con la que tiene que lidiar el cristiano. Al diablo le es útil en su guerra contra nosotros porque raras veces se reconoce por lo que es.

Cuando los cristianos se desaniman, el sentido común les dice que solo están siendo realistas. Olvidamos que no es realismo sino desánimo, y a menudo funciona cuando ninguna otra tentación funcionará. Un cristiano que no sea culpable de ningún otro pecado voluntariamente, y que tenga una victoria suficiente como para no caer en la tentación de forma involuntaria, aun así podría recibir la visita de esta oscura sombra interior procedente del hoyo al que llamamos desánimo. Y esto obstaculiza en gran manera la vida cristiana.

El desánimo se puede convertir fácilmente en una emoción dominante. Es más que una emoción; después de un tiempo se convierte en una disposición, una actitud, una lente oscurecida mediante la cual vemos todo lo que tenemos delante. El estado de ánimo es el clima mental. No es tanto la persona como el clima del paisaje de su vida, el cual ha cautivado a la persona. Así como el clima meteorológico no es el campo o la granja, y sin embargo determina en gran manera si la granja dará una buena cosecha o no, el estado de ánimo no es la persona, pero determina cuáles y cuántas plantas crecerán. El gozo, la victoria y el ministerio eficaz no pueden crecer en un clima de desánimo. Más bien, lo que encontramos a menudo es temor, autocompasión y ensimismamiento, que es preocupación por los propios sentimientos, pensamientos o situaciones de uno mismo.

Nos sorprenderíamos si pudiéramos saber de algún modo el número total de cristianos que están afectados por algún grado de desánimo, porque no perdona a nadie. Afecta a los cristianos más nuevos y a los que llevan mucho tiempo. Después de servir al Señor, de una forma más o menos irregular y esporádica durante dos tercios largos de toda una vida, siento que tiendo tanto al desánimo hoy como lo solía hacer cuando tenía diecisiete años. Si soy un ejemplo, aunque sea un pobre ejemplo, es seguro decir que el desánimo no perdona a nadie. El hombre sobrio que cree que es una persona sólida y segura de sí misma podría estar sufriendo un profundo desánimo que le afecte de forma física, mental y espiritual.

Luego están los cristianos radiantes, esas personas entre nosotros que son brillantes y vivaces que parecen rebosar, y sin embargo, en lo más hondo de su corazón a menudo se desaniman. Mantienen ese brillo y no lo hacen de forma hipócrita porque han aprendido a sonreír pase lo que pase. Pero si pudiéramos llegar a la raíz de su vida, no hay duda de que descubriríamos que están un poco desanimados por algo. Incluso los cristianos más sensatos y centrados, esos que son prácticos y comedidos en su forma de abordar la vida, a veces se desaniman.

Pero ¿cuáles son las causas de tal desánimo? La diferencia entre la predicación negativa y la predicación positiva de la Biblia es que la predicación negativa descubre lo que está mal, mientras que la predicación positiva receta el remedio. El doctor que hace un diagnóstico, te dice lo que está mal y después te manda a tu casa es solo un doctor a medias. Un libro que nos dice lo que está mal sería un libro a medias, mientras que un libro que nos dice lo que está mal y después también nos dice qué hacer al respecto es un libro completo.

Una de las causas del desánimo es la soledad. Elías es un ejemplo impresionante de un gran hombre que sufrió un profundo desánimo porque nadie a su alrededor lo entendía y nadie iba en su misma dirección. Le faltaba el apoyo de personas con un mismo sentir. Quizá sucede lo mismo en tu casa o tu oficina, o donde pases la mayor parte de tu tiempo, que no encuentres personas con tu mismo parecer con las que tener compañerismo.

Antes de llegar a la cura, quiero que conozcas un hecho sorprendente: cuanto más idealista y dramático sea el carácter, más se puede sumergir en el desánimo. Nunca hubo otro hombre en toda su vida, o quizá en mil años de historia en Israel, que pudo ir al monte y atreverse a decirles a los profetas de Baal que probaran a su dios como lo hizo Elías. Hizo eso y después descendió del monte donde había caído el fuego, y fue directamente a meterse en una cueva debajo de un enebro lleno de desesperanza.

Cuanto más alto puedas subir, más bajo puedes caer. Hay un dicho en el cuadrilátero de boxeo que dice: "cuanto más grandes son, más duro caen". Lo mismo ocurre en el ámbito espiritual, a menos que miremos arriba y encontremos los medios de gracia mediante los cuales seamos levantados de la niebla del desánimo. Algunos cristianos nunca se desaniman porque nunca apuntan a grandes cosas. No esperan nada, y cuando no consiguen algo dicen: "Bueno, de todos modos no lo esperaba". Pero hay cristianos con ideales muy altos, los cuales se pueden volver contra ellos mediante el desánimo. Cuando más idealistas sean los ideales y las aspiraciones espirituales, más abiertos estamos a que nos invada el desánimo.

Entonces ¿cuál es la cura? La cura es recordar que tu desánimo está basado en un error. Tú crees que estás solo cuando no lo estás. En primer lugar, hay miles de personas como tú.

Nuestra cultura forma clubes de todos los tipos. Hay clubes de matrimonios, clubes de pelirrojos y clubes de calvos; entonces ¿por qué no podemos formar un pequeño club de los que tienden a desanimarse y hablar de ello entre nosotros? Seguro que allí encontrarías muchas personas como tú, personas que luchan con el desánimo. Si contaran toda la verdad, te recordarían que hubo veces en las que sintieron una gran tristeza con respecto a todo esto de servir a Dios en un mundo malvado. Así que no estás solo, y tu desánimo está basado en el error de no recordar que Dios está contigo en cada momento de tu vida.

Recuerda siempre una cosa: nunca estás solo. ¿Acaso no son enviados los ángeles a ministrar a los que serán herederos de la salvación? Pero quizá digas: "Sí, eso es para los santos: Santa Teresa y San Francisco de Asís, Finney y Spurgeon. Sin duda que los ángeles les ayudaron, pero no a alguien como yo". ¿Qué clase de mamá le daría toda su atención a sus hijos sanos y fuertes y dejaría a los enfermos desatendidos y sufriendo? ¿Qué clase de Dios sería Dios si enviara a sus ángeles para bendecir a San Agustín y San Julián y se olvidara de los pobres de nosotros que tenemos tanta necesidad? No, Él envía a sus ministros angelicales para atender a los que serán herederos de la salvación pero que, por el momento, están atravesando dificultades.

Cuando nuestro Señor estaba orando en el huerto y sudando sangre, los ángeles acudieron a servirle. No fue cuando estaba en la carpintería de José, ayudando a su papá y creciendo para llegar a ser un chico grande; durante ese tiempo no necesitó a los ángeles. Fue cuando la sangre le salía por los poros de su piel, sudor como sangre. Si estás desanimado, eres a quien el Señor ha señalado. Elías estaba sumido en un gran desánimo, tan profundo que cuando se fue a dormir, triste y abatido, Dios le dijo a un ángel: "Desciendo y alimenta al profeta Elías". El ángel descendió y horneó tortas para Elías, no para un profeta radiante y victorioso sino para un profeta desanimado y abatido.

Otra cosa que puede desanimar a los cristianos es la maldad de las personas. Tenemos a Jeremías como nuestro ejemplo bíblico. Jeremías miraba a su alrededor, y dondequiera que iba veía maldad. No había periódicos en ese entonces, pero si los hubiera habido, Jeremías habría visto las portadas llenas de sucesos de tramas y obras malvadas. Jeremías se cansó de hablar porque nadie le prestaba atención alguna. Se desanimó tanto, que llegó a recibir el apodo de "el profeta llorón".

Las estrellas allá en los cielos no brillan de día porque ya hay luz sobre la tierra. Entonces, ¿por qué brillan en la noche? Porque la oscuridad las hace visibles. En todos los periodos de la historia que han sido razonablemente decentes, los grandes santos no han sobresalido; siempre han destacado cuando la oscuridad estaba sobre la tierra.

Cuando vino nuestro Señor, había oscuridad sobre la tierra. La iglesia cayó en el paganismo como en la más profunda oscuridad infernal. Llegaron los Wesley no cuando todos estaban orando, sino cuando nadie oraba salvo un puñado llamado el club santo. Han pasado ya más de dos mil seiscientos años desde que Jeremías oró y predicó mientras se encontraba desanimado. Hombres y mujeres creyentes han aprendido desde entonces a vivir y brillar en la oscuridad. Lo aprendieron de Jeremías, que estaba desanimado la mayor parte del tiempo.

La cautividad también nos puede desanimar. ¿Alguna vez te has sentido como si fueras un cautivo? ¿Alguna vez te da un escalofrío de cinismo cuando escuchas a alguien hablar sobre nuestra forma de vida libre y te preguntas: "¿Libre? ¿Cómo llego a ser libre?". Están los que se levantan y van a sus trabajos, después regresan a su casa y vuelven a hacer lo mismo. Es una repetición de entrar y salir, subir y bajar, día tras día saliendo hasta llegar a estar profundamente agotado. Las dos semanas de vacaciones que tienes no sirven de mucho porque te llevas el trabajo contigo y lo vuelves a traer. Eres un cautivo. Y, si después de pagar todas tus facturas a final de mes te queda algo de dinero, tienes que usarlo para pagar los impuestos. O quizá alguien necesita una costosa cirugía que tienes que pagar. Sea cual sea el caso, ciertamente no sientes que eres libre.

Como tú, el profeta Ezequiel estaba cautivo y sentado entre otros cautivos junto al río Quebar. Piensa en lo que este joven profeta de Israel debía estar pensando mientras estaba allí sentado y abatido, sabiendo que ahora era un cautivo, una persona en esclavitud en una tierra extraña. Pero ¿sabes lo que vio Ezequiel mientras era cautivo que no había visto antes? Vio los cielos abiertos y tuvo visiones de Dios. Es precisamente en medio de nuestra cautividad cuando vemos esas cosas.

El individuo que sigue su propio camino no es probable que busque hacer las cosas según las normas de Dios, pero cuando nos quitan la posibilidad de ir por nuestro propio camino, nos quedamos con un sentimiento de desánimo. Pero en esa situación, y a través de ella, puede brillar la luz del cielo.

Después está el pesimismo que viene de otros, que hace que nuestro corazón se desanime. Cuando Israel estaba entrando en la Tierra Prometida, sus propios compañeros israelitas se desanimaron diciendo que los habitantes de ese lugar eran mejores y más altos que ellos. He pasado la mitad de mi vida reafirmando a las personas que los descendientes de Anac no son más grandes que nosotros. Quizá sean un poco más altos y pesen más, pero no son tan grandes como lo somos nosotros en Dios. Nadie es tan grande como un cristiano que camina en la voluntad de nuestro Padre. Él es más grande que cualquier cosa que puedas traer delante de Él. "¿Qué más podemos decir? Que si Dios está a nuestro favor, nadie podrá estar en contra de nosotros" (Romanos 8:31).

Suelo encontrarme con muchos hermanos pesimistas, que siempre anticipan algo malo que va a ocurrir. Por lo general, aquello que temen nunca llega a suceder pero aun así siguen pensando que sucederá. ¿Conoces la respuesta y la cura para la tristeza que los cristianos desanimados arrojan sobre nosotros? "Mi presencia irá contigo, y te haré descansar" (Éxodo 33:14). Eso es lo que Dios le dijo a Moisés cuando los hermanos no querían luchar contra los cananeos. Si la presencia de Dios está contigo, ¿de quién temerás?

La siguiente fuente de desánimo puede que te sorprenda. Otra cosa que desanima a las personas, si son meticulosos, es leer biografías cristianas. Si leemos una biografía cristiana de forma errónea, puede hacernos daño en lugar de ayudarnos por compararnos con esa persona. Al instante comenzamos a preguntarnos si realmente seremos cristianos, y como resultado nos desanimamos.

Una de las obligaciones que tiene un biógrafo que se debe al público es contar la historia completa. Por ejemplo, yo conté toda la verdad sobre A. B. Simpson en el libro *Wingspread*. Algunos lectores resoplaron, diciendo: "No ha salido muy bien parado". No lo dejé muy bien parado porque, aunque era un santo, era un poderoso santo humano. Nunca ha habido un santo que no tuviera su lado humano. No tenemos que esforzarnos mucho para encontrar un punto débil; lo encontraremos de modo natural.

¿Te has dado cuenta de que una biografía extraída de la Biblia siempre ayuda? Eso se debe a que la Palabra de Dios no oculta la parte humana de los santos. Las biografías en la Biblia cuentan la historia completa.

David le robó la esposa a Urías, Betsabé, y lo asesinó para encubrir la historia. Esos hechos probablemente se quedarían fuera de la típica biografía que hay en una estantería, pero no en una que ha escrito el Espíritu Santo. Si queremos saber toda la historia acerca de una persona, con lo bueno y con lo malo, seremos más alentados que si solo leemos sobre los mejores momentos de su experiencia.

¿Cuál es la manera correcta de pensar en las biografías, para no leer sobre San Francisco y otros y decir: "Si ese hombre es cristiano, yo no soy nada"? En primer lugar, tenemos que pensar en la historia completa; y, en segundo lugar, recordar que la persona sobre la que estamos leyendo está muerta. Si A. B. Simpson volviera a vivir y apareciera, enseguida yo me encogería hasta la talla y la altura de sus zapatos. Sin embargo, como dice la Palabra de Dios: "un perro vivo es mejor que un león muerto" (Eclesiastés 9:4). Por lo tanto, aunque no seas un alma tan poderosa como Holy Ann, estás vivo y ella está muerta. Tras casi cuarenta años de historia en mi pequeña iglesia, hemos llegado al punto en el que tenemos los ojos llorosos y nos ponemos nostálgicos al hablar de grandes personas que en algún tiempo fueron parte de nuestra congregación. Pero se fueron al cielo y ya no pueden ganar ningún alma más. Tampoco pueden enseñar una clase, y no pueden hacer aquello a lo que fueron llamadas. Ya no están.

Si Dios dependiera de los santos muertos, su obra se reduciría hasta detenerse por completo y todas las iglesias se desplomarían. Dios toma lo que tiene en sus manos, y lo que tiene somos tú y yo. Somos lo único que Dios tiene, así que en lugar de desanimarte, confía en Él y ora: *Padre, te doy gracias porque, aunque quizá no tenga tanta fe como esos grandes santos del pasado, sin embargo te amo y quiero servirte.*

Ahora, piensa en estas palabras: "Dios el Señor me ayudará, así que no me avergonzaré. Por eso endurecí mi rostro como piedra, pues bien sé que no seré avergonzado. Mi salvador está cerca de mí; levantémonos y veamos quién se atreve a contender conmigo. ¡Que se enfrente a mí el que quiera acusarme! ¡Fíjense bien! Dios el Señor es quien me ayuda; ¿quién puede condenarme? Fíjense y verán que todos ellos se envejecerán como la ropa; ¡serán carcomidos por la polilla! ¿Quién de ustedes teme al Señor y oye la voz de su siervo? Si hay alguien que ande en tinieblas y carezca de luz, que confíe en el nombre del Señor, y que se apoye en su Dios" (Isaías 50:7-10).

Si has estado atravesando sombras y oscuridad, y el diablo o tus enemigos te han amenazado, tienes todo el derecho de levantarte y decir: "Dios el Señor me ayudará, así que no me avergonzaré". Entonces escucha a Dios decir: "Si hay alguien que ande en tinieblas y carezca de luz, que confíe en el nombre del Señor, y que se apoye en su Dios, y todo estará bien". Creo que esto es verdad para ti y para mí.

Oh Dios, hay veces en las que, en lugar de enfocarme en ti me enfoco en mí, y eso solo me produce desánimo. Sácame de este lodazal de desaliento y dame tu perspectiva sobre mi caminar contigo y sobre mi comunión con otros creyentes. Te lo pido en el nombre de Jesús, amén.

NUNCA SOLO ESTARÉ

He visto la luz del relámpago
y escuché el trueno sonar.
He sentido a los quebrantadores del pecado correr,
tratando mi alma de conquistar.
He oído la voz de Jesús,
diciéndome que siga luchando.
Prometió nunca dejarme,
nunca solo estaré.

Soplan los vientos feroces del mundo,
La tentación es fuerte y aguda,
tengo la paz de saber
mi Salvador ahí estará.
Él me protege del peligro
cuando los amigos terrenales ya no están.
Prometió nunca dejarme,
nunca solo estaré.

No, solo no estaré,
No, solo no estaré,
Prometió nunca dejarme,
nunca solo estaré.
No, solo no estaré,
No, solo no estaré,
Prometió nunca dejarme,
nunca solo estaré.

Ludie D. Pickett (1897)

10

LOS ERRORES DE ISRAEL Y POSIBLEMENTE LOS NUESTROS

Israel es una frondosa viña,
que da abundante fruto para sí mismo.
Oseas 10:1 (RVR 60)

Oseas fue enviado a Israel durante uno de los tiempos de declive de la nación. *Declive* es una hermosa palabra que significa apartarse del camino, y eso fue lo que hizo Israel. Los israelitas se habían olvidado de algunas cosas vitales: su origen en el pacto de Abraham y, en gran medida, el Dios de sus padres. Según este profeta, Israel tenía un corazón dividido; y siempre que hay un corazón dividido hay una guerra civil. Jesús dijo: "toda ciudad o casa dividida contra sí misma, no permanecerá" (Mateo 12:25). Un corazón dividido significa guerra civil en el interior de lo que Juan Bunyan llamó el pequeño reino del alma del hombre. Jesús dijo también: "No podéis servir a Dios y a las riquezas [Mamón]" (Mateo 6:24), e Israel intentaba servir a Dios y a las riquezas. No se habían atrevido a rechazar a Jehová pero estaban levantando otros altares y sirviendo a otros dioses también.

Eso se llama tener doble ánimo, y Santiago advirtió sobre ello en su libro (1:8). Jesús dijo que debemos tener ojos íntegros, lo cual significa tener un punto focal al que miran los ojos. Según Oseas 9:4, Israel se había situado en una posición en la que Dios rechazaba sus ofrendas. El profeta dijo que Israel era una viña vacía y, por lo tanto, daba fruto para sí mismo.

¿Cuál es el propósito de una viña? Es dar fruto para otros. El fruto de la viña nunca se produce para la viña misma. El fruto de la viña es un regalo de Dios, y la viña lo recibe como un regalo para otros. El error de Israel fue que daba fruto para sí mismo. La viña debe dar fruto como alimento de la gente, alimento de otras criaturas, y para la creación de otras viñas. Cada uva tiene dos o tres semillas capaces de producir otras viñas, de modo que cualquier viña que produce fruto recibe dulzura, fragancia y alimento de parte de Dios para ser entregada a otros. Israel se había apartado en cuanto a que producía fruto y lo consumía solamente para sí mismo. Esto era cierto de Israel entonces, pero también es cierto de muchas iglesias y muchos cristianos ahora.

Muchos que afirman ser hijos de Dios están haciendo lo mismo hoy día. Igual que con Israel, cuando los cristianos se guardan para sí mismos sus tesoros, la viña se queda vacía. Hay algo equivocado con la viña cuando, en lugar de que los dones de Dios se externalicen y fluyan hacia las vidas de otros y la producción de otras viñas futuras, la viña los guarda para sí y no le queda otra cosa sino hojas sin fruto. La viña no ha cumplido la voluntad de Dios y se queda vacía.

Nuestras vidas pueden volverse totalmente egoístas. Sin darse cuenta, personas cristianas buenas y honestas pueden volverse completamente egoístas poco a poco de modo que todo entra y no sale nada. El Señor Jesús dijo: "recibiréis poder cuando haya venido sobre vosotros el Espíritu Santo, y me seréis testigos..." (Hechos 1:8 RVR-60). "El que cree en mí... de su interior correrán ríos de agua viva" (Juan 7:38). Lo que recibes, no lo recibes para ti mismo.

Ojalá el pueblo del Señor pudiera recordar que no somos como el Mar Muerto, que siempre recibe y no da nada a excepción de lo que se pierde por evaporación. Somos canales para dar; no somos lagos ni lagunas. Él no dijo: "cuando venga el Espíritu Santo, ustedes serán como un lago". Dijo: "cuando venga el Espíritu Santo, ustedes serán como un río", y los ríos siempre fluyen. Por eso se puede contaminar una charca, una laguna o un pequeño lago, pero es muy difícil contaminar un río. Había un dicho entre las colinas de Pensilvania donde yo crecí: "Si el agua fluye por encima de dos piedras, se purifica". Quizá fuera una exageración, pero ese era el modo en que nosotros los varones decidíamos si podíamos beber de un manantial con el que nos encontráramos. El río se mantiene limpio por su misma naturaleza que siempre fluye. Y ese es el propósito de la iglesia: ser un río de agua viva para otros.

¿Qué es la iglesia? En palabras sencillas, la forman cristianos que trabajan juntos hacia una meta común. Y la iglesia local es un lugar donde se reúnen los cristianos, tú y yo en una congregación, donde adoramos al Señor y buscamos honrarlo haciendo su voluntad aquí en la tierra; sin embargo, algunas veces las iglesias no hacen lo que deben hacer. Demasiado a menudo somos como viñas que deberían dar fruto para ser compartido con los demás pero, en cambio, nos lo guardamos para nosotros mismos. Mientras nos neguemos a estar incómodos, al estar demasiados interesados en la seguridad y la comodidad, damos fruto para nosotros mismos. Así, llegamos a estar centrados en nosotros mismos.

¿Cuál es la cura para eso? Se encuentra en Oseas 10:12, que dice: "Sembrad para vosotros según la justicia, segad conforme a la misericordia; romped el barbecho, porque es tiempo de buscar al Señor hasta que venga a enseñaros justicia". Queremos que Dios derrame sobre nosotros inmensas olas de emoción, pero eso no soluciona el problema. La emoción puede impulsar a una persona a disculparse con otra y pedir perdón. Todos lloran y después regresan a sus ídolos, de nuevo al egoísmo y a su carnalidad. No, hay solamente un modo de arrepentirnos realmente: revertir nuestros caminos. En lugar de ir por el camino por el que nos dirigimos, damos un giro y andamos por el camino que deberíamos.

Jesús relató una historia acerca de dos muchachos y su padre. El padre les dijo: "Muchachos, vayan a trabajar hoy en la viña". Uno de ellos se enojó y respondió: "Yo no iré". El otro dijo: "Está bien, padre, yo iré", y después se fue a pescar. Entonces, el muchacho que se enojó y dijo que no iría vio tristeza y dolor en el rostro de su padre. Minutos después, estaba arrodillado orando: "Oh Dios, qué canalla fui". Se levantó y fue directamente a la viña y trabajó allí todo el día. El padre regresó y descubrió que el muchacho que dijo que iría no fue, mientras que el que dijo que no iría sí que fue. Jesús dijo que así se ve el arrepentimiento. Lo que más importa son las acciones y no las palabras. Podríamos decir: "Vamos a reunirnos y orar toda la noche". (Sí, Padre, trabajaremos en tu viña). Sin embargo, al día siguiente no ha cambiado nada en nosotros; no nos reunimos, y no oramos.

Cambiemos nuestros caminos de egoísmo y demos fruto no para nosotros mismos sino para otros.

El profeta Oseas advirtió a Israel acerca de dar fruto para sí mismo. Dios les había dado la luz del sol, la tierra, las lluvias: tenían todo lo que necesitaban, pero se encerraron en sí mismos y no dieron lo que habían recibido a otros: los pobres, los cansados y los poco amigables. Dios quiere que no dejemos de sacar de nuestras vidas los recursos con los que Él nos ha colmado (nuestro amor, tiempo, energía, dinero) hasta que, en lugar de decir que la iglesia da fruto para sí misma, se pueda decir que la iglesia da fruto que llegue hasta los confines de la tierra.

Te alabo, Señor, porque tú eres mayor que mis errores. Me postro delante de ti, buscando tu perdón e invitándote a que seas la autoridad suprema en mi vida. Que mi vida dé fruto para quienes me rodean. Te lo pido en el nombre de Jesús, amén.

SUBLIME GRACIA

Sublime gracia del Señor,
que un infeliz salvó.
Fui ciego mas hoy miro yo,
perdido y El me halló.

Su gracia me enseñó a temer,
mis dudas ahuyentó.
¡Oh cuán precioso fue a mi ser
cuando El me transformó!

En los peligros o aflicción
que yo he tenido aquí;
Su gracia siempre me libró
y me guiará feliz.

Y cuando falle el corazón
y mi vida mortal,
Yo poseeré con El allí
reposo eternal.

Y cuando en Sion por siglos mil
brillando esté cual sol;
Yo cantaré por siempre allí
su amor que me salvó.

John Newton (1779)

11

CÓMO MANIPULA EL DIABLO LA PLAGA DEL CORAZÓN

Toda oración y toda súplica que hiciere cualquier hombre, o
todo tu pueblo Israel, cuando cualquiera sintiere la plaga en
su corazón, y extendiere sus manos a esta casa, tú oirás en
los cielos, en el lugar de tu morada, y perdonarás, y actuarás,
y darás a cada uno conforme a sus caminos, cuyo corazón tú
conoces (porque solo tú conoces el corazón de todos los hijos de
los hombres); para que te teman todos los días que vivan sobre
la faz de la tierra que tú diste a nuestros padres.
1 Reyes 8:38-40 (RVR 60)

La palabra *plaga* es una de las palabras más aterradoras del mundo. Desde el amanecer de la historia, esta palabra nos ha detenido en seco. Leemos en los libros de historia acerca de la peste negra del siglo XIV, una plaga extraña y misteriosa que golpeaba a personas sanas de repente y las derribaba. Solamente en la ciudad de Londres pereció la mitad de la población. De hecho, hubo tantos que sucumbieron al mismo tiempo, que los vivos no podían enterrar a todos los que habían fallecido por la enfermedad.

En tiempos más recientes sufrimos el terror de la peste bubónica. Fue propagada por un insecto, un piojo en los cuerpos de las ratas. Esas ratas provenían de otros países y corrían por las sogas de los barcos hasta los muelles. La peste bubónica sigue siendo una enfermedad terrible a tomar en cuenta en círculos médicos.

En la Biblia, las plagas eran maldiciones que golpeaban a hombres y mujeres con úlceras, terminando en una enfermedad fatal. Las plagas parecían repentinas y misteriosas, y era horrible descubrirlas. La Ley de Moisés incluía un plan y un método para lidiar con las plagas. Si alguien detectaba una úlcera en su cuerpo, era aislado de inmediato de todos los demás a excepción de unos pocos que cuidaban con diligencia a la persona afectada.

Sin embargo, quiero hablar sobre algo todavía peor que las plagas del cuerpo. Hablemos sobre el pecado, que es una plaga del corazón. No estoy hablando aquí de las masas. Una de las maneras más limpias de apartarnos de la convicción es enfocarnos en las masas en lugar de hacerlo en el individuo. Si nos referimos a una congregación entera, entonces parece como que todos podemos descansar; sin embargo, cuando el Espíritu Santo dirige el foco de luz solamente a nosotros, y su dedo señala hacia nuestro corazón diciendo: "Eres tú", entonces podemos comenzar a llegar a alguna parte.

La Escritura dice que cada persona debería conocer la plaga de su propio corazón. Es lo más importante con lo que lidiar hoy, o cualquier día desde los tiempos de Adán y Eva, porque Satanás estaría perfectamente indefenso si no fuera por el pecado. El diablo nunca podría hacer daño a nadie si no estuviera en posesión del corazón humano individual. Jesús no tenía nada en Él que perteneciera al diablo. Mientras tanto, el diablo caminaba de un lado al otro como si fuera un perro de caza fuera de la puerta del Señor, queriendo entrar. Jesús estaba perfectamente seguro mientras no entrara en su corazón nada perteneciente al diablo.

Es la plaga del corazón la que hace que el diablo sea tan destructivo. Es la palanca mediante la cual el diablo puede controlar a una persona.

No quiero que te compadezcas de ti mismo porque te han enseñado que el pecado es una enfermedad. Si es una enfermedad, entonces somos dignos de compasión y no de culpa. Aunque la Biblia usa la palabra *plaga*, es una figura retórica que nos enseña cómo lidiar con Satanás. Pero la plaga del pecado no es accidental; no es algo de lo cual somos víctimas inocentes. A menudo amamos y escogemos la maldad, lo cual nos hace responsables ante Dios de la plaga de nuestros propios corazones.

Las personas no terminarán en el infierno porque Adán pecó. Terminarán allí porque *ellos* pecaron. Escogieron el pecado, les gustó y conocían el juicio de Dios contra tales cosas pero, sin embargo, continuaron practicando esas cosas a sabiendas y voluntariamente.

Esta plaga del corazón es una inclinación en nuestro interior que nos dirige a hacer el mal. Esta tendencia a vagar es el más fatal y mortal de todos los enemigos, y hay que temerlo más que a cualquier enfermedad. El cáncer puede matar el cuerpo pero no puede tocar el alma; sin embargo, la plaga del pecado llega hasta el alma, y es más terrible que la guerra o la bomba atómica. La plaga del corazón puede destruir a un hombre o una mujer para este mundo y para el mundo venidero. No es algo que nosotros mismos podemos eliminar. No podemos reducir el pecado a una cosa, encarnada y materializada, y después operarla. Si así fuera, todo el mundo estaría esperando en la fila afuera de la consulta del cirujano.

El pecado es una actitud, una inclinación, una voluntad, una elección y una afinidad. No se puede llegar a eso con el escalpelo de un cirujano. Yo no puedo llegar a tu corazón. Si tienes una plaga en tu corazón, solamente Dios puede manejar eso. Ninguna escuela o institución del mundo podría tocarlo. Ningún predicador, evangelista, cantante o misionero podría llegar hasta la plaga de tu corazón porque tú eres el señor de tu propio corazón. Tú eres el dueño de tu destino, y Dios no permitirá que ninguna otra persona lo cambie.

Los psiquiatras no pueden llegar hasta tu corazón, e incluso si pudieran, la mayoría de ellos no conocen acerca de la plaga. El poder de esta plaga reside en el hecho de que las personas no saben que está ahí; entonces, de repente, se propaga y llega a todos los rincones de tu naturaleza y arruina tu conducta y tus hábitos, y finalmente tu vida misma.

Es un acompañamiento muy extraño esta plaga del corazón que llamamos pecado; tanto, que apenas nadie admitirá su presencia. Podemos lograr que una congregación entera se ponga de pie y diga: "Creo que todos han pecado", pero si después les pedimos que se sienten y admitan individualmente sus propios pecados específicos, quedarán en silencio. Podemos gritar la verdad al techo y esperar reacciones. Aun así, ellos permanecen en silencio sin querer aceptar la responsabilidad personal. Pero, si todos se mantienen juntos, todos salvamos las apariencias. Todos pueden decir: "Bueno, yo no soy peor que mi hermano a mi derecha y mi hermana a la izquierda, y que el diácono que está detrás de mí, y probablemente no soy peor que el pastor que está en el púlpito. Por lo tanto, estamos en buena compañía". Es un modo astuto de escapar a la responsabilidad por nuestros propios pecados.

Todo el mundo pregunta: "¿Qué sucede con el cristianismo?". Yo daré una respuesta: hemos convertido a Jesucristo en un portador de gozo y alguien que nos rasca la espalda. Hemos olvidado que Él vino al mundo para salvarnos de la plaga de nuestro propio corazón, y salva a cada persona individualmente. No podemos acudir a Dios en grupos, en familias, en escuadrones o en regimientos. Cada persona acude sola, individualmente, y si cien personas quisieran acudir a un altar para buscar un corazón limpio, cada una tendría que acudir en completa soledad de espíritu. Debemos acudir a Dios totalmente solos, como si Él estuviera en el desierto o en una cueva.

Hay dos conceptos en los que quiero hacer hincapié. Uno de ellos es la limpieza del amor perdonador de Dios. El amor perdonador de Dios entra barriendo como un detergente y se lleva toda la grasa pegajosa de la iniquidad. El otro concepto es la restauración de la inocencia moral. Aunque sabemos que hemos pecado, de algún modo por el misterio y el milagro de la sangre del Cordero, nuestro inocencia moral queda restaurada otra vez. No es probable que los cristianos restaurados profundicen en aquello de lo que fueron salvos, porque son personas totalmente nuevas.

Caín era un pecador, y tenía una plaga en su corazón. Supongo que cuando Caín y Abel eran pequeños solían jugar juntos, y algunas veces Caín levantaría a su hermano pequeño y lo cargaría al pasar por lugares difíciles. Y Caín probablemente daba las buenas noches a su mamá con un beso y saludaba a su papá cada mañana. Caín era con toda probabilidad un hombre común; sin embargo, tenía una plaga en su corazón que él no admitía. Un día, salió para hacer una ofrenda al Señor junto a su hermano, y descendió fuego y consumió la ofrenda de Abel pero no consumió la de Caín. Entonces, eso que había estado latente saltó de repente como si fuera un fuego, y Caín se llenó de celos y de enojo. Lleno de ira, se volvió contra ese hermano con quien había dormido, comido, y jugado en el pasto muchas veces. Se volvió contra ese hermano, lo golpeó hasta matarlo, y lo enterró entre las hojas.

Caín no podía haber sido tan diferente a Abel. Ambos tenían los mismos genes y los mismos padres. De hecho, quizá no podríamos diferenciarlos. En otras palabras, no era su aspecto exterior lo que marcó la diferencia sino lo que sucedía en sus corazones. Caín tenía un punto de plaga en su corazón, pero nunca acudió a Dios para tratarlo; por lo tanto, pasó por alto la sangre y ofreció vegetales en cambio. Pero los vegetales no pueden limpiar y curar los puntos de plaga que hay en nuestros corazones; solamente la sangre puede hacerlo.

¿Recuerdas a Acán? Cuando los israelitas destruyeron la ciudad de Jericó y las murallas se derrumbaron, Israel iba caminando en las nubes, llenos de felicidad por esa gran derrota. Después de que Jericó se derrumbó y cayó ante los gritos del pueblo de Dios, los israelitas marcharon hasta Hai para hacer lo mismo. Lo que sucedió, en cambio, fue que huyeron ante el pueblo de Hai, y treinta y seis de sus soldados resultaron muertos. Josué se postró sobre su rostro y dijo: "Dios, ¿qué sucedió para que Israel huyera dando la espalda a sus enemigos?". Y Dios dijo: "Te diré lo que sucedió. Levántate. Hay un tiempo para orar y hay un tiempo para hacer algo, y ha llegado el tiempo para hacer algo. Tienes una plaga en el campamento, y esa plaga seguirá matando a menos que te libres de ella". Descubrieron quién era.

Era Acán. Él era un hombre como Caín, un hombre de familia. Tenía una esposa, y tenía hijas. Acán era como el resto. De hecho, era tan parecido al resto del pueblo que tuvieron que seguir una estrategia divina para descubrir quién había cometido el pecado. Acán era probablemente la clase de hombre al que sus vecinos consideraban decente y responsable, un esposo y padre amoroso, pero Acán tenía un punto de plaga en su corazón. Era avaricioso. Su amor al dinero le condujo a apropiarse de un manto babilónico cuando se presentó la oportunidad.

No fue robo; fue desobediencia. El manto no pertenecía a nadie, pero Dios había dicho que no tocaran nada y, sin embargo, Acán lo tocó de todos modos. Se llevó a su casa el oro, la plata y el manto y los enterró, ocultándolos debajo de su tienda. Josué le dijo a Acán: "Si dejo que te libres, esta plaga se extenderá a todo Israel. Tienes que morir. No solo tú sino también toda tu familia". Acán no sabía que, cuando pasó por alto la plaga que había en su corazón, daría como resultado las muertes de treinta y seis soldados, él mismo, su esposa y todos sus hijos. Si hubiera sido consciente de eso, habría huido lleno de terror.

Hoy día instamos a las personas a acudir a la iglesia y relajarse. Vengan y sientan paz. Vengan y sientan felicidad. Vengan y asegúrense de que irán al cielo cuando muera. Qué herejes somos. Jesucristo murió para que pudiéramos ser liberados de la plaga de nuestros corazones. Para eso murió. Otras cosas, como paz, alegría y contentamiento, son solamente subproductos de esa verdad central.

Pensemos en Ananías. ¿Era él rematadamente malo? No, Ananías era un hombre decente. Lo habríamos recibido en nuestra iglesia y probablemente incluso lo elegiríamos para formar parte de la junta directiva. Sin embargo, Ananías fue tentado en un momento. Si no hubiera sido agarrado cuando necesitaba el dinero, es probable que no hubiera mentido al Espíritu Santo. Una persona puede vivir con esta plaga en el corazón media vida, y no le avergonzará. Entonces, un día le agarrará cuando no esté mirando y destruirá su vida.

Ananías intentó salir de una situación complicada diciéndole a Dios que le pagaron menos de lo que le pagaron y, por lo tanto, mintió a Dios. Sin embargo, debía tener cierta bondad en su corazón, o no se habría juntado con el resto de los cristianos. No habrían aceptado a un mentiroso entre ellos si hubieran sabido que eso es lo que era él; sin embargo, sí sabían que la mentira era un punto de plaga en el corazón, y si hubieran permitido que continuara, habría contaminado al grupo. Y, al final, apartaron a Ananías.

He mencionado deliberadamente pecados más llamativos, pero no tenemos que ser alcanzados por una bomba atómica para morir. Podemos morir de cistitis o por una uña encarnada. Podemos morir del modo más vergonzoso posible. Por lo tanto, podemos terminar en el infierno sin ser un Ananías, podemos arruinar nuestra vida sin ser un Acán, y no tenemos que estar tan perdidos como lo estaba Herodes. No tenemos que asesinar a alguien para tener una gran mancha de la plaga en nuestro corazón y morir por eso. El punto es averiguar si tenemos esta plaga en el corazón, y después acudir ante el Señor en arrepentimiento.

Una evidencia o señal de esta plaga en el corazón es el pecado sexual. Quienes se dejan enredar por la lujuria y el pecado sexual son culpables de impureza en el cuerpo. Sin embargo, tales personas no son peores ante los ojos de un Dios santo que quienes van por ahí presumiendo de su pureza, porque su orgullo es una plaga.

El resentimiento es otra señal de la plaga en el corazón. Las personas resentidas caminan con rencor en el corazón, agarrándose con fuerza a ofensas ocultas, y siempre listos para una pelea.

El enojo o el mal humor son también una señal de la plaga. La envidia y los celos también son señales.

Podemos aceptar a Jesús todo lo que queramos, pero si no reconocemos la plaga en nuestros corazones, nunca haremos nada al respecto.

Dios sana esta plaga de pecado de tres maneras: sangre, fuego y sufrimiento. Hay algunos pecados que, cuando somos salvos, la sangre de Jesucristo los limpia y los elimina, y nunca tenemos que volver a lidiar con esos pecados. Hay otros pecados que el fuego del Espíritu Santo quema, pero hay otros pecados que son tan insidiosos y difíciles de localizar, que solamente un sufrimiento profundo los sacará a la luz. Hay una palabra que me gustaría restaurar en nuestro vocabulario, y es *purgación*. La iglesia utiliza muchas frases que nos resultan familiares: creer en Jesús; aceptar a Cristo; seguir al Señor. Son palabras hermosas, pero necesitamos recuperar la idea y el proceso de la purgación: una purgación mediante sangre y mediante fuego. El Espíritu Santo está preparado para quemar la plaga en nuestros corazones y limpiarlos; sin embargo, cada uno de nosotros debe reconocer y admitir la plaga en su propio corazón.

Por causa de Jesús, y por causa de la justicia, no intentes ocultar la plaga que hay en tu corazón detrás de una vida cristiana muy exitosa. En cambio, admítela. Si dices: "Soy diácono en la iglesia, y sería una sorpresa horrible para la congregación si yo pasara adelante para ser liberado de un corazón sucio", uno de estos días perderás los nervios y explotarás como una pequeña bomba atómica, y te pondrás en vergüenza a ti mismo delante de la iglesia.

No disimules la mancha de la plaga, sin importar quién seas. Si tienes una, localízala en este momento y después extiende tus manos a Dios. Deja que la sangre de Cristo y el fuego del Espíritu Santo te limpien y te restauren.

Señor, mi pecado está en mi interior y por eso vengo a ti para ser limpiado. Reconozco la plaga en mi corazón y te la entrego, y confío en que tú lidiarás con ella de tal modo que mi vida te dará alabanza y honor. Te lo pido en el nombre de Jesús, amén.

FUENTE DE LA VIDA ETERNA

Fuente de la vida eterna y de toda bendición;
Ensalzar tu gracia tierna, debe cada corazón.
Tu piedad inagotable, abundante en perdonar,
Único Ser adorable, gloria a ti debemos dar.

De los cánticos celestes te quisiéramos cantar;
Entonados por las huestes, que lograste rescatar.
Almas que a buscar viniste, porque les tuviste amor,
De ellas te compadeciste, con tiernísimo favor.

Toma nuestros corazones, llénalos de tu verdad;
De tu Espíritu los dones, y de toda santidad.
Guíanos en obediencia, humildad, amor y fe;
Nos ampare tu clemencia; Salvador, propicio sé.

Robert Robinson (1758)

12

LOS PELIGROS DE LA ARROGANCIA Y LA DERROTA

Aunque también yo tengo de qué confiar en la carne. Si alguno piensa que tiene de qué confiar en la carne, yo más.

Filipenses 3:4

El principal peligro de la arrogancia y la derrota es que el diablo sabe cómo usar estas actitudes para manipular y controlar al cristiano. Ver a un cristiano con el espíritu de arrogancia es ver a alguien que es controlado en cierta manera por el diablo. Tengamos cuidado con el peligro de la arrogancia. Jesús era el Señor, pero no tenía una actitud autoritaria hacia los demás. Si te vuelves arrogante, presuntuoso y orgulloso por tu victoria y tu éxito, Él te castigará dolorosamente.

Nuestro Señor Jesucristo era el hijo de un carpintero y hablaba el lenguaje llano del pueblo común de su época.

Entonces, un día entró en Jerusalén montado sobre un burro y pisando ramas de palma y túnicas que extendieron a su paso, y una multitud llenaba las calles por todas partes. Gritaban: "¡Hosanna al Hijo de David! ¡Bendito el que viene en el nombre del Señor!" (Mateo 21:9). Hubo éxito, reconocimiento y honor a quien merecía honor. Este tipo de aclamación púbica podría haber guiado a Jesús a decir: "Tal vez el diablo tenía la razón. Quizá puedo ser rey del mundo, y puede que mis amigos que querían que fuera rey tenían la razón desde el principio". Podría haber recurrido a las profundidades de su gran poder y haberse convertido en rey de la noche a la mañana.

Sin embargo, dejó al burro, entró en el templo, lo limpió, y después se preparó para enfrentar la cruz, la tortura y la muerte. No permitió que el éxito de ninguna clase lo desviara de su propósito y de la voluntad de su Padre.

Esto es cierto también del éxito espiritual. Si avanzas unos pasos en tu vida cristiana, cuídate de no permitir que el pecado del orgullo entre en tu corazón. Pablo nos advirtió de esto en el libro de Filipenses, capítulo tres, donde habla a quienes creen que han llegado a ser algo y creen que han llegado espiritualmente.

Recuerda que las personas pueden elogiarte hoy y cantar "hosanna", pero al día siguiente esa misma multitud puede gritar: "Fuera con él. ¡Crucifícale!". Las mismas personas que hoy pensaban que tú eras digno de elogios puede que te den la espalda mañana; por lo tanto, no pensemos demasiado en la opinión pública, ni tampoco pensemos mucho en cualquier éxito que podamos disfrutar debido a nuestros dones. En cambio, debemos dar gracias a Dios por todo lo que recibimos, y después seguir adelante en Él.

En el lado contrario del espectro está el peligro de la derrota o el fracaso. En ocasiones, el orgullo puede convertirse incluso en derrota. ¿Recuerdas la batalla de Jericó y cómo se derrumbaron los muros? Después, Israel sintió exceso de confianza, poniendo su confianza en sí mismo en lugar de ponerla en Dios cuando fueron a la ciudad de Hai. Llevaron solo unos pocos miles de soldados y dijeron: "Miren lo que hicimos en Jericó". Pero ellos no habían hecho nada. Dios lo hizo todo.

Los israelitas debieron pensar que tal vez el viento producido al tocar los cuernos había derribado los muros de Jericó. Sean cuales sean los motivos, supusieron que ellos eran los responsables de que los muros cayeran; por lo tanto, al día siguiente decidieron tomar Hai, pensando que tenían una buena racha. Pensaban que nada como el éxito genera éxito, y salieron con arrogancia y sus cabezas bien altas situándose gloriosamente frente a Hai. Y murieron treinta y cinco mil.

La derrota siguió al éxito. Y, de repente, la derrota puede hacer que nos sumerjamos en el desaliento y se lleva con ella nuestro ánimo, nuestra esperanza y nuestro ímpetu. El desaliento, por cierto, no es pecado pero puede conducir a diversos pecados. Y el desaliento es desánimo, es decir, debilitarnos o no tener estómago para la vida cristiana.

Recuerdo esas poderosas palabras de la obra de teatro *Enrique V* de William Shakespeare: "el que no tenga estómago para esta lucha tiene permiso para retirarse. Le daremos su pasaporte y dinero para que regrese. No nos gustaría morir en compañía de alguien que no hubiese querido morir como compañero nuestro". Se habla sobre alguien que no tiene estómago para una lucha, refiriéndose a que la persona ha perdido su celo para la tarea a llevar a cabo. Es como una persona enferma que ha perdido por completo el apetito. Eso es el desaliento.

Y, en el reino de Dios, la falta de victoria o una derrota o dos pueden conducirnos a un estado en el que no tenemos estómago para nada. Podríamos orar, pero en realidad no tenemos ganas de hacerlo. Lo hacemos como si fuera una comida que no nos gusta. Asistimos a la iglesia, pero no nos importa la iglesia. La adoración es insípida, el sermón es aburrido, y todo carece de fe porque nos sentimos desalentados y derrotados, lo cual es cierto de muchos entre el pueblo de Dios.

Las personas que están desalentadas no han perdido la vida eterna, su relación con Dios no ha cambiado, y siguen siendo sus hijos. Cristo sigue intercediendo por ellos a la diestra del Padre, y el cielo sigue siendo su hogar; sin embargo, por el momento han perdido el estómago, ya que la derrota se ha apoderado de ellos. Yo he estado en iglesias donde era obvio que nadie esperaba que sucediera nada; y el resultado fue exactamente lo que se podría esperar: no sucedió nada.

El peligro de la derrota es que traerá con ella el derrotismo, pero tengamos en mente que nunca es una deshonra perder; cuando permitimos que nuestras pérdidas se acumulen en nuestra mente como una psicología de la derrota es cuando todo esto se vuelve peligroso. Y tal situación puede suceder fácilmente si no estamos atentos y vigilantes.

Digamos que una persona resbala y se cae en un piso cubierto de hielo. ¿Debería esa persona quedarse en el piso y decir: "Supongo que no tiene caso que lo intente de nuevo"? O si la persona se pusiera de pie con esfuerzo pero después de caminar un tramo volviera a caerse, bien podría decir: "Algo debe estar muy mal en mi equilibrio, y tendré que aceptarme a mí mismo de esta manera. Nunca podré volver a caminar erguido sobre el hielo". En otras palabras, el derrotismo es permitir que uno o más fracasos sitúen un fracaso permanente en el corazón. Según Proverbios 24:16: "Porque tal vez caiga el justo siete veces, pero otras tantas volverá a levantarse".

Conocí a un joven en una conferencia cuya barbilla estaba a punto de alcanzar el piso. Lo saludé pero no hubo ninguna respuesta. No sonrió ni respondió excepto para decir: "Me sucedió algo horrible. Tomé mi examen para la ordenación, y no me van a ordenar". Yo le dije: "Escucha, Lincoln fue derrotado dos veces antes de ser elegido. Si Dios te ha llamado, acude a tu junta examinadora y descubre lo que no sabías, ve a la biblioteca y estudia más, y después pide otro examen". Su barbilla comenzó a elevarse un poco. Yo continué: "No permitas que una cosa tan pequeña como esta te desaliente. Si Dios te llamó, Él no retirará ese llamado solo porque hubo algunas preguntas que no supiste responder. Estudia, averigua en qué te equivocaste, y después pide a Dios que te ayude". Y eso es exactamente lo que hizo. Ahora, él es uno de nuestros pastores, y le va bien.

Supongamos que oras sinceramente por algo y no lo recibes; incluso si es obvio que no lo vas a recibir, no permitas que eso te desaliente o te derrote. Tal vez necesitas reexaminar tus motivos o cambiar tu modo de vivir. Quizá no entendiste bien cuál era la voluntad de Dios. Lee las Escrituras, estúdialas, haz las paces con Dios, y después intenta volver a orar y proseguir. Finalmente, el Señor puede decirte: "Estás orando por algo equivocado. Ora en cambio por esto otro y verás mi bendición. Pero no te sientas derrotado".

Sin embargo, si te sientes bastante derrotado, a continuación menciono algunos puntos a considerar:

En primer lugar, no aceptes el juicio de tu propio corazón acerca de ti mismo porque el corazón tiende a desviarse, y un corazón desalentado sin duda que se desviará. En otras palabras, no pienses de ti mismo del modo en que te *sientes* contigo mismo. No aceptes el testimonio de tu propio corazón. Acude a Dios en Cristo, recordando su amor constante por ti, y que Cristo te amó lo suficiente para morir por ti. Él pensó que tenías valor. Si eres cristiano, el Espíritu Santo habita en ti, y Él no te ha descartado.

Si Gedeón hubiera aceptado el juicio de su propio corazón, nunca habría experimentado victoria. En cambio, habría permanecido en su depresión, habría sacado el jugo a algunas uvas, habría hecho un poco de vino y de aceite, y se habría mantenido lejos de la batalla. Pero Dios se acercó al derrotado y desalentado Gedeón y le dijo: "¡Levántate, varón esforzado!". Gedeón respondió: "¿Me hablas a mí? ¿Yo, un varón esforzado que se esconde en una cueva?". Dios dijo: "Sí, tú. Levántate, levántate". Y Gedeón aceptó el juicio que Dios hizo de él. Salió y resultó victorioso, haciendo huir a los madianitas.

En segundo lugar, deberíamos evitar tomar decisiones importantes mientras estamos desalentados. Nunca digas sí o no a oportunidades cuando estás desanimado, porque si decides cuando estás desalentado, probablemente tomarás la decisión equivocada. No rehúses o aceptes un empleo cuando estás desalentado. No te muevas o compres y vendas propiedades cuando estás desanimado. En cambio, acude ante Dios y busca su parecer con respecto a cualquier decisión importante, dejando que su gracia brille en tu corazón mientras le pides que aparte las nubes oscuras y te dé la luz de su presencia para eliminar de tu espíritu cualquier sentimiento de derrota. Cuando puedas decir "todo lo puedo en Cristo que me fortalece" (Filipenses 4:13), y decirlo de corazón, entonces puedes tomar tu decisión sabiendo que lo estás haciendo en su voluntad.

En tercer lugar, recuerda que el fracaso ya sea en los negocios, en tu vida personal, o en cualquier otra circunstancia, no hace que seas menos querido para Dios. Me alegra mucho que Dios no mire mis circunstancias para determinar cuánto me ama. A veces, nosotros juzgamos a las personas de ese modo, pero eso no sucede con Dios. Si has fallado de alguna manera, eso no hace que Dios sea menos amoroso hacia ti ni afecta el amor de Dios por ti. Tampoco afecta sus promesas para ti.

Eso me lleva a la cuarta cosa que podemos hacer para evitar el derrotismo, que es recordar las promesas de Dios. Lee cada una de ellas en la Biblia hasta que tu corazón comience a dar saltos de alegría. Siguen siendo ciertas y buenas, aunque hayas sufrido una derrota.

Dios lo es todo. Ni el éxito ni el fracaso, sino Dios. No ganar ni perder, solamente Dios. Mi victoria no puede enriquecer a Dios, y mi derrota no puede empobrecerlo. Si hago el bien, no le aporto nada a Dios; y, si me consumo, no le resto nada. Dios es nuestra roca y fortaleza, nuestro libertador, nuestra fuerza, y nuestra torre fuerte. Él fue enviado desde los cielos, nos rescató, y nos sacó de las aguas turbulentas. Nos liberó de nuestro fuerte enemigo y de quienes nos aborrecían. Nos llevó a un lugar amplio y abierto y nos libró porque se deleitaba en nosotros. Podemos aferrarnos a este versículo: "Tú encenderás mi lámpara; Jehová mi Dios alumbrará mis tinieblas" (Salmos 18:28 RVR-60).

La lucecita mía tal vez se ha apagado, pero Dios encenderá mi lámpara una vez más y alumbrará mis tinieblas. Dios es nuestro refugio, y no permitiremos que la victoria nos malcríe o nos derrote. Tomaremos ambas cosas con calma. Ganemos o perdamos, estamos del lado de Dios, y si seguimos poniendo nuestra confianza en Él ganamos, lo sepamos o no. Eso es fe.

Padre, en la profundidad de mi desaliento y mi fracaso es donde comienzo a entender tu gran amor por mí. Tú me amas no por lo que yo hago sino por lo que tú eres. Gracias por tu amor inextinguible. Te lo pido en el nombre de Jesús, amén.

LA LUCECITA MÍA*

Esta luz que brilla es la luz del amor,
Y desde lo alto ilumina la oscuridad
Brilla sobre mí y brilla sobre ti
Y muestra lo que puede hacer el poder del amor.

Dejaré brillar mi luz cerca y lejos.
Dejaré brillar mi luz con fuerza,
Donde haya un rincón oscuro en esta tierra
La lucecita mía la dejaré brillar.

El lunes Él me dio el regalo del amor,
El martes llegó la paz a mi interior.
El miércoles me dijo que tenga más fe,
El jueves me dio más gracia.
El viernes me dijo que orara,
El sábado me dijo qué decir,
El domingo me dio el poder divino
Para la lucecita mía dejar brillar.

La lucecita mía la dejaré brillar
La lucecita mía la dejaré brillar
La lucecita mía la dejaré brillar
Brillará, brillará, brillará.

*Origen anónimo de la canción

13

LA RAÍZ DE NUESTRA GUERRA ESPIRITUAL

La serpiente era el animal más astuto de todos los que Dios el
Señor había creado. Así que le dijo a la mujer:
¿Así que Dios les ha dicho a ustedes que
no coman de ningún árbol del huerto?
Génesis 3:1

Titubeo en permitir que el mundo exterior defina la maldad por mí. Si entendemos cómo comenzó el diablo en el huerto del Edén, podemos entender lo que está haciendo ahora porque el huerto de Edén es la raíz de todas las acciones del diablo a lo largo de la historia.

Hollywood no puede definir y tampoco definirá o describirá al diablo por mí. Después de todo, él controla a muchos de ellos. Ven al diablo de maneras que son contrarias a lo que dice la

Biblia, y nos arriesgamos a ser engañados si permitimos que el mundo defina y explique ideas espirituales. Veamos en cambio cómo describe la Biblia al diablo.

En Génesis 3 Satanás se acerca a Adán y Eva en forma de serpiente. Dado que Dios creó a la serpiente, ¿por qué escogió el diablo esta criatura para llegar hasta Adán y Eva? No lo sabemos. Pero lo que sí sabemos es que, después de que el pecado entró en el mundo, contrariamente a cualquier otra criatura que Dios creó antes de esta situación, esta "serpiente" fue maldecida por Dios. En otras palabras, esta fue la primera maldición que Dios pronunció.

"Dios el Señor dijo entonces a la serpiente: 'Por esto que has hecho, ¡maldita seas entre todas las bestias y entre todos los animales del campo! ¡Te arrastrarás sobre tu vientre, y polvo comerás todos los días de tu vida! Yo pondré enemistad entre la mujer y tú, y entre su descendencia y tu descendencia; ella te herirá en la cabeza, y tú le herirás en el talón'" (Génesis 3:14-15).

La primera aparición del diablo no reflejó su verdadera intención de hacer daño a Adán y Eva. Parecía muy indefenso al inicio cuando en Génesis 3:1 intentó tentar a Eva, diciendo: "¿Así que Dios les ha dicho…?". Esa frase parece que no intentaba meter en problemas a Eva o tentarla para que hiciera algo malo, pues él sabía que un enfoque directo no funcionaría. En cambio, meramente estaba cuestionando si la palabra de Dios era precisa. "¿Estás seguro de que realmente puedes confiar en Dios? ¿Crees que Dios tiene en su corazón tus mejores intereses?".

Tengamos en mente que el huerto del Edén era un lugar perfecto, y Adán y Eva eran seres humanos perfectos y sin pecado.

Es evidente, sin embargo, que el diablo pudo infiltrarse en su territorio y llevar el pecado a la humanidad. ¿Cómo sucedió eso?

Todo en el entorno del huerto del Edén era perfecto. En ningún lugar había rebelión contra Dios el Creador. Adán y Eva tenían una relación maravillosa con Dios. Génesis 2:25 afirma: "Y estaban ambos desnudos, Adán y su mujer, y no se avergonzaban" (RVR 60). Estaban profundamente arraigados en su relación mutua y con Dios, y nada en sus vidas indicaba que habían desobedecido a Dios de ningún modo. Eran perfectos en todos los aspectos.

Nos resulta difícil imaginar a Adán y Eva en esta situación sin pecado en un lugar perfecto, con una relación perfecta entre ellos, y sin nadie más que pudiera poner en peligro su amistad. A diferencia del mundo actual lleno de pecado donde la maldad, la desobediencia y la herejía están generalizados, las relaciones que había entre Adán y Eva y Dios eran puras y limpias. Por lo tanto, el diablo entró en este lugar perfecto en forma de serpiente para llevarlos al pecado, y su plan de ataque tenía que ser sutil.

El diablo no intentó convencer a Adán o Eva para que cometieran lo que algunos considerarían "un gran pecado". Las acciones del diablo estaban diseñadas para hacer que Eva se cuestionara la verdad de las palabras de Dios. Es ahí donde comienza el diablo. Inicialmente no tienta a las personas a cometer un asesinato, a planear el robo de un banco, o algún delito parecido. Esos son los efectos posteriores del pecado interior del individuo. Sin embargo, si el diablo pudiera hacernos dudar de la verdad de lo que Dios ha dicho, estaría ejerciendo cierta medida de control sobre nosotros.

En el momento en que el diablo convenció a Adán y Eva de que podrían ser como Dios y poseer todo el conocimiento es cuando la raza humana comenzó su apresurada caída en la depravación. Satanás presentó a Adán y Eva lo que parecía ser una elección benigna. Ellos tenían que decidir entre las palabras de Dios y las palabras de Satanás. ¿A quién iban a creer? De modo que ellos aceptaron el cebo y fueron engañados por el engaño de Satanás y su intención malvada.

La Biblia enseña que Dios nos creó con un enorme potencial intelectual y espiritual. Fuimos creados a imagen y semejanza de Dios. El pecado fue la causa de la destrucción de este potencial, y el pecado es lo que nos da la sensación de ser huérfanos en el mundo. Dejar que el pecado entre en nuestras vidas conduce a que el diablo se aproveche de nosotros y susurre a nuestros oídos su malvada mentira: "Tú no le importas nada a Dios. Él realmente no se interesa por ti". Desde el huerto del Edén, el diablo ha sido exitoso al llevar a cabo su táctica. A lo largo de los siglos no ha cambiado nada a este respecto mientras el enemigo continúa con su ataque sobre la humanidad con tenacidad.

No hay duda alguna de que el diablo aborrece nuestra alegría en el Señor, y usará cualquier medio a su disposición para robarnos esta alegría santa. Un cristiano que vive en la presencia de Dios irrita al diablo más que ninguna otra cosa, y cuando el diablo quiere algo con muchas ganas, no se detendrá ante nada para lograr lo que quiere.

Nunca deberíamos confiar en el diablo. Como la carne es débil, aunque el espíritu está dispuesto, debemos estar siempre atentos y orar como preparación para sus ataques. Hay algunos días en los que el diablo intenta convencerme de que Dios no se interesa por mí, y siento que está lejos. Sin embargo, lo que yo sienta es irrelevante, porque el amor de Dios ha sido demostrado y eso no puede cambiar; si así sucediera, Él dejaría de ser Dios. Por lo tanto, no caeré en la mentira del diablo que dice que Dios no es quien la Biblia dice que es. Debemos mantenernos arraigados en la Palabra de Dios.

Anteriormente mencioné una verdad maravillosa que se encuentra en la Biblia: el Dios todopoderoso tiene el poder de usar para bien algo que tenía intención de ser para mal. Debe parecerle una broma cruel al diablo cuando se da cuenta de que no puede hacer nada para alterar la voluntad soberana de Dios. De hecho, él nunca ha hecho nada sin el permiso de Dios, porque el diablo solamente puede actuar con un poder prestado. El trono en los cielos proclama la autoridad suprema de Aquel que se sienta en él, que es el Dios todopoderoso.

Cuando el padre de José murió, sus hermanos tenían temor a que esa fuera una oportunidad para que José se vengara de ellos por haberlo vendido como esclavo. Pero José les dijo: "Ustedes pensaron hacerme mal, pero Dios cambió todo para bien, para hacer lo que hoy vemos, que es darle vida a mucha gente" (Génesis 50:20). Dios frecuentemente usa las acciones del enemigo, como las que ocurrieron en la vida de José, para preparar el camino para que sea revelada su gracia sublime. (Estoy seguro de que el diablo está furioso por esto). Con eso en mente, aunque el episodio en el huerto del Edén parece un desastre, debemos recordar que no fue ninguna sorpresa para Dios. Él se había preparado para eso, y lo que sucedió allí abrió un camino para que Él demostrara su gracia y misericordia por medio de su Hijo, el Señor Jesucristo. Tenemos que comprender esta gracia para conocer qué significa la salvación. Y, desde el inicio mismo, Dios se estaba preparando para la derrota definitiva de Satanás.

La humanidad cayó debido al engaño de Satanás y el pecado que resultó en destruir dentro de nosotros esa comunión para la que fuimos creados. Dejó un vacío en nuestro interior. Esa relación destruida fue lo que causó que Adán y Evan fueran expulsados del huerto, y esa sigue siendo la estrategia general de Satanás hasta la fecha. Nada ha cambiado; el diablo y sus tácticas siguen siendo los mismos.

La comprensión que Adán y Eva tenían de Dios comenzó a desvanecerse en el instante en que aceptaron el plan de Satanás: "Seré como el Altísimo". Desde entonces, cuando hombres y mujeres han intentado exaltarse a sí mismos por encima de Dios, han caído cada vez más profundamente en una espiral descendente que conduce a las profundidades del infierno.

Aunque la estrategia de Satanás se ha mantenido igual, él es demasiado astuto para ser uniforme. Por lo general, nos ataca donde menos esperamos que lo haga, de modo que debemos estar siempre preparados. No supongas nunca que lo tienes en el espejo retrovisor. Vivimos en un mundo del que el diablo ha tomado el control y ha manchado. Aunque es el mundo de nuestro Padre, residimos actualmente en una época en la que Satanás ha tomado el control de él temporalmente.

La plaga que Satanás ha extendido por toda la raza humana deriva de la desobediencia y la rebeldía, porque cuando respondimos a su tentación diciendo "lo haré", nos apartamos de nuestro estado normal. Nos hemos alejado del lugar donde pertenecemos. Deberíamos estar en la casa del Padre, pero actualmente estamos en la casa del diablo.

Desde que secuestró el mundo, Satanás y sus aliados han participado en un conflicto por apoderarse de él; sin embargo, como dice el libro de Apocalipsis, Jesucristo regresará y establecerá su gobierno y su paz sobre todo el planeta. Entonces Cristo, que fue crucificado una vez por la humanidad, expulsará a Satanás del mundo que no le pertenece legítimamente, y Él tomará el control. Aunque hay esperanza al final, mientras tanto debemos recordar que estamos en una batalla. También debemos recordar que Dios desea tener compañerismo con nosotros, porque no somos hijos e hijas huérfanos. Somos sus hijos amados.

La diana principal de los dardos de fuego del diablo es el nuevo creyente. El diablo sabe que destruir a los nuevos creyentes antes de que maduren es el método más eficaz para librarse de ellos. Todo aquel que pone su fe y su confianza en el Señor Jesucristo es el mayor oponente que el diablo tiene que enfrentar.

Igual que un estafador, el diablo entra en la vida de una persona sonriendo. Si los estafadores fueran desagradables, enojados y agresivos, nunca podrían llevar adelante lo que pretenden. Sus estafas no funcionarían. No, persuaden a las personas para que los crean y pongan su confianza en ellos debido a sus buenos modales, su conversación optimista, y sus palabras alentadoras.

Lo mismo sucede con el diablo. Él aplica la sutileza mientras busca plantar en nuestros corazones las semillas de duda y escepticismo acerca de Dios. ¿Qué deberíamos hacer como respuesta? Debemos someternos a la autoridad de la Biblia siempre que la leemos. El diablo desea minar y contradecir la validez de la Palabra de Dios en nuestras vidas, de modo que tenemos que acercarnos a la Biblia con humildad, reverencia y sumisión. Eso enfurece al diablo.

Debemos responder a la Palabra de Dios con un "sí, Él habla en serio, y yo entrego mi vida a Él". Cuando hacemos eso, podemos estar seguros de que el diablo, profundamente molesto, huirá tan lejos de nosotros como pueda. Quiere tener el control de mi vida, y si no puede tener esa autoridad, al menos puede intentar minar la autoridad de Dios. Pero, como creyente, no permitiré que eso suceda.

Pienso en Job, que tenía un vallado alrededor de él para mantener segura a su familia. Incluso Satanás comprendió que existía esa protección y que Job era impenetrable sin la aprobación de Dios. Debemos recordar eso y no permitir que el diablo nos engañe, sino en cambio ver cada dificultad que encontremos como una oportunidad para que la gracia de Dios se manifieste en nuestras vidas.

Entender el entorno de nuestra guerra espiritual nos ayudará a estar mejor equipados para lidiar con los dardos de fuego del enemigo. No pensamos racionalmente si imaginamos que el diablo no nos tiene bajo su mirada. Debemos poner en práctica lo que nos enseñó Pablo: "Por tanto, tomad toda la armadura de Dios, para que podáis resistir en el día malo, y habiendo acabado todo, estar firmes" (Efesios 6:13 RVR 60). Aunque el diablo es consciente de nuestras debilidades y sabe cómo manipular a los seres humanos, el poder de Dios obrando en sus hijos y por medio de ellos es infinitamente mayor.

Te alabo, Dios, por la tenacidad de tu gracia. A veces he sido engañado por el enemigo para pensar de ti que eres menos de lo que eres verdaderamente. Perdóname, Señor. Quiero renovar mi alma en tu Palabra, para que me dé la fortaleza y el discernimiento para ver lo que intenta el diablo. Entrego mi vida por completo a ti, y con tu ayuda nunca sucumbiré a las mentiras del diablo. Te lo pido en el nombre de Jesús, amén.

¿SOY YO SOLDADO DE JESÚS?

¿Soy yo soldado de Jesús?
¿Un siervo del Señor?
¿Y temeré llevar la cruz
sufriendo por su amor?

Lucharon otros por la fe,
¿Cobarde yo he de ser?
Por mi Señor batallaré
confiando en su poder.

¿No tengo luchas que enfrentar
o males conquistar?
¿Es un auxilio el mundo vil,
el cielo a alcanzar?

Es menester que sea fiel,
que nunca vuelva atrás;
Que siga siempre en pos de El:
su gracia me dará.

El santo fiel por batallar
es más que vencedor,
Por fe y amor conquistará,
aún en la muerte atroz.

Y cuando llegue el día feliz
de glorificación,
Señor, daremos gloria a Ti
y toda adoración.

Isaac Watts (1721)

14

EL MURO ENTRE NOSOTROS
Y EL DIABLO

Airaos, pero no pequéis; no se ponga el sol sobre vuestro enojo,
ni deis lugar al diablo.
Efesios 4:26-27 (RVR 60)

Al considerar el papel del diablo en nuestra batalla espiritual y cómo nos tienta es importante recordar que él no es nuestra única fuente de tentación. Incluso para los cristianos, la tentación es una parte de la vida.

Abraham puede que sea la mejor ilustración de esto. "Aconteció después de estas cosas, que probó Dios a Abraham, y le dijo: Abraham. Y él respondió: Heme aquí" (Génesis 22:1 RVR 60). Este versículo se refiere a cuando a Abraham se le pidió que sacrificara a su hijo Isaac, que tuvo que ser la mayor tentación en toda la Escritura. Me resulta difícil comprender las emociones de Abraham en ese momento. Para Abraham, su hijo Isaac tenía una importancia suprema.

Pero volvamos atrás y veamos cómo llegamos a este punto. No cabe ninguna duda de que los lectores del Antiguo Testamento ya están familiarizados con la historia de Abraham y Sara y su espera de la llegada de su hijo prometido, Isaac. Sara ya había pasado la edad gestacional en ese punto. Tras algunos años de inquietud e impaciencia, Sara creyó que podía encontrar una solución. Para tener un hijo, Sara entregó a su esposo a su sirvienta Agar. Creía que, al hacer eso, agradaría a Dios. En la mente de Sara, Ismael le nació a Agar como el hijo que Dios le había prometido por medio de Abraham.

Ella tomó una decisión que era contraria a lo que Dios había dicho. Los ismaelitas, de los que normalmente se piensa como árabes, fueron la descendencia que surgió de la decisión de Sara. A lo largo de los años Israel atravesó muchas dificultades con los ismaelitas.

Al final, sin embargo, Dios le dio un hijo a Abraham por medio de Sara. Y, cuando Isaac tenía unos doce años de edad, Dios presentó una decisión a Abraham. Le pidió que sacrificara a su hijo Isaac, haciéndole escoger entre su hijo y la Palabra de Dios. Abraham habría hecho cualquier cosa a cambio de no poner a su hijo sobre ese altar. Tengo la ligera sospecha de que no durmió bien aquella noche.

Pero, a la mañana siguiente, Abraham reunió a su hijo y sus acompañantes, y partieron hacia la ubicación que Dios le había designado. Estoy seguro de que el joven muchacho tenía interés en averiguar a dónde iban. Cómo es posible que Abraham pudiera tomar tal decisión revela la relación que tenía con Dios. Siguió las instrucciones y llevó a Isaac al monte, y cuando llegaron a la cumbre levantaron un altar. Entonces Abraham tomó a su hijo, lo ató con cuerdas, y lo puso sobre ese altar.

Aunque a nosotros nos resulta difícil imaginarlo, Abraham agarró entonces su cuchillo, se acercó a su hijo, levantó el filo y se dispuso a apuñalarlo. Sin embargo, en ese momento Dios lo detuvo. "Y extendió Abraham su mano y tomó el cuchillo para degollar a su hijo. Entonces el ángel de Jehová le dio voces desde el cielo, y dijo: Abraham, Abraham. Y él respondió: Heme aquí. Y dijo: No extiendas tu mano sobre el muchacho, ni le hagas nada; porque ya conozco que temes a Dios, por cuanto no me rehusaste tu hijo, tu único" (Génesis 22:10-12 RVR 60).

Este encuentro ayudó a Abraham a crecer en su relación con Dios y a fortalecer su resolución de aferrarse a su fe. Dios lo usó de un modo muy profundo, y es también un ejemplo de lo que los creyentes en Cristo necesitan para pelear batallas espirituales. Sí, deberíamos celebrar nuestra salvación. El Señor Jesucristo, que murió en la cruz, resucitó de la muerte al tercer día, y solamente Él es la fuente de nuestra salvación que está disponible para todo aquel que cree, se arrepiente de sus pecados y pone su confianza en Cristo. Sin embargo, para aquellos que lo siguen eso es solamente el inicio. Tenemos un viaje por delante que termina en el cielo.

Ismael fue elección del diablo, mientras que Isaac fue elección de Dios. Nosotros debemos escoger de un modo o de otro. Como se registra en el Evangelio de Mateo, Jesús dijo: "Nadie puede servir a dos amos, pues odiará a uno y amará al otro, o estimará a uno y menospreciará al otro" (Mateo 6:24).

Nuestra guerra espiritual depende de las decisiones que tomemos en nuestras vidas. No hay nada en mi vida que Dios no me pedirá que sacrifique. El enemigo, por otro lado, tiene una perspectiva diferente. Él habría pedido a Abraham que hiciera una fiesta de cumpleaños para Isaac y que hiciera un gran espectáculo del hijo prometido que finalmente había llegado. Esa es su estrategia de seducción: hacer lo que queremos hacer de todos modos en lugar de hacer lo que Dios está pidiendo.

Algunas veces hay una batalla como la de David contra Goliat. David salió victorioso en esa batalla, pero la batalla con Betsabé fue un tipo de batalla completamente diferente. Fue una batalla que David perdió, para vergüenza suya. En ese momento probablemente pareció una batalla pequeña, pero resultó ser más de lo que David pudo manejar. Muchas veces, tras una gran victoria es cuando el enemigo acecha y prepara otra trampa para nosotros que no esperábamos. Por lo tanto, cuando creemos que podemos manejar cualquier cosa, nos ponemos a nosotros mismos a disposición del enemigo.

Cada batalla de cada día importa. Yo no puedo vivir para el diablo durante la semana y después asistir a la iglesia el domingo y adorar a Dios; es todo o nada. Dios no aceptará un porcentaje de nuestra vida. No podemos sobornar a Dios con nuestros diezmos o buenas intenciones. Cuando Dios nos prueba, está claro que nos está pidiendo que hagamos algo y tenemos que tomar una decisión. Sin embargo, cuando el diablo nos tienta, por lo general no somos conscientes de que nos está tentando.

Creo que al diablo le encanta involucrarnos en la batalla. Vive para eso. Sabe que quizá finalmente no puede ganar, pero también sabe que puede hacer cierto daño en el proceso. Toda la agenda del enemigo puede reducirse a un único objetivo: aver-gonzar a Dios por medio de algunos de sus hijos. El diablo creyó que podría hacer eso con Job en el Antiguo Testamento, pero lo que no sabía era que Dios tenía el control absoluto en cada paso del camino. Aunque al diablo se le permite llegar hasta nosotros, a la larga no puede dañarnos.

¿Qué es lo que se interpone entre el diablo y nosotros? Si podemos comprender la respuesta a esa pregunta, veremos más victoria en nuestras vidas. Lo único que puede interponerse entre el diablo y nosotros es Dios. Eso fue lo que sucedió con Abraham. Dios intervino y lo detuvo cuando estaba preparado para atravesar el cuerpo de su hijo con el cuchillo. En ocasiones, Dios espera hasta el último momento, pero Él está a cargo y sabe qué hacer y cuándo. Dios tiene su manera de llevar a cabo su voluntad en la vida de una persona, y hay veces en las que Dios usará al diablo y su poder tentador para realizar su voluntad.

Tal vez Job es el personaje clave en el Antiguo Testamento. El diablo hizo todo lo que pudo para tentar a Job y alejarlo de Dios. En cierto punto, incluso la esposa de Job se dio por ven-cida y dijo: "¿Aún retienes tu integridad? Maldice a Dios, y mué-rete" (Job 2:9, RVR 60).

Job tuvo que escoger entre su esposa y Dios, y estoy seguro de que el diablo estaba manipulando a su esposa en ese punto en la historia. El diablo a menudo usa a alguien a quien amamos o admiraos para tentarnos a desobedecer a Dios en algún aspecto. Creo que es un aspecto diferente de nuestra experiencia cris-tiana, pero que necesitamos comprender y protegernos a noso-tros mismos de ello. Necesitamos tomar a nuestras familias y seres queridos y entregarlos al Señor al igual que Abraham entregó a Isaac al Señor. Cuando lo hacemos, el diablo no puede tentarnos a ese respecto. Eso no significa que no lo intente; lo que significa es que nuestro sacrificio debe ser continuo. Debido a que me entregué ayer no significa que no tenga que entregarme hoy. La entrega no es una experiencia de una sola vez sino que más bien dura toda una vida.

Después de que Abraham ofreció a Isaac sobre el altar, nunca volvió a ver a su hijo del mismo modo. Cada vez que lo miraba, recordaba el sacrificio que hizo al Señor. Isaac ya no era el hijo de Abraham; en cambio, Isaac pertenecía a Dios. Eso es lo que debe interponerse entre el diablo y nosotros. Si Dios tiene que estar entre el diablo y yo, todo lo que tengo debe ser sacrificado y entregado a Dios. Aquello que sigo rehusando entregar a Dios es lo que el enemigo puede usar para tentarme.

El apóstol Pablo dijo: "ni deis lugar al diablo" (Efesios 4:27 RVR 60). Debemos entender que nos corresponde a nosotros dar o no lugar al diablo. El diablo no puede hacer nada en nuestras vidas para lo cual nosotros no le demos permiso. Debemos asegurarnos de dejar un pequeño espacio para él en todo lo que hagamos. Él no necesita mucho espacio, tan solo el suficiente para colarse en nuestras vidas. Y, algunas veces, ese pequeño espacio está oculto a nuestra atención, y tal vez el diablo estará ahí durante días o semanas antes de iniciar cualquier ataque. Entonces atacará cuando menos lo esperemos.

En vez de dar lugar al diablo, mi interés debería estar en dar lugar a Dios, asegurándome de que Dios esté en todo de mí y no solo en parte de mí. Debo admitir que esto requiere mucho trabajo que hacer. Cuando creo que he entregado todo a Dios, por lo general veo algo que he pasado por alto. Eso es lo que significa la oración personal: examinar nuestros corazones en busca de cualquier espacio en el que Dios no habite. Que su presencia esté en todas las áreas de mi vida cada día de la semana.

Tengamos en mente que el diablo se deleita en alimentar la confianza en sí misma de la persona. A medida que construimos la confianza en nosotros mismos, el diablo está dispuesto a darle el mérito al *yo* por mucho tiempo mientras logre su objetivo. Nos permitirá tener todo lo que queramos mientras eso no interfiera en sus propósitos. El diablo quiere que yo piense que soy perfecto, lo cual me convierte en una clara diana para él.

Por lo tanto, lo único que puede interponerse entre el diablo y yo es Dios. No la religión. No la doctrina. No la psicología. Nada. De hecho, el diablo se deleita en utilizar la religión para lograr sus propósitos malvados. Santiago escribió en su libro: "Tú crees que Dios es uno, y haces bien. ¡Pues también los demonios lo creen, y tiemblan!" (2:19). Los demonios saben lo que es verdad y que Dios es real; sin embargo, solo porque creen no significa que son salvos y van de camino al cielo.

Aunque sin ninguna duda estoy a favor de la doctrina correcta, la doctrina debe servir como mi camino hacia el corazón de Dios. Necesito creer e incluso temblar, pero en mi creencia mi corazón será transformado para la gloria de Dios. Si soy transformado por Dios, eso hace enojar al diablo, y quiere arrebatarme eso. Por desgracia, ha sido exitoso en hacer eso muchas veces con muchas personas.

No des ningún lugar al diablo. En cambio, llena tu corazón y tu vida con Dios cada día, todo el día y toda la noche. Recuerda la historia de Abraham y de su amado hijo Isaac, quien fue una promesa de Dios.

Padre celestial, te alabo por tu protección en mi vida. Confieso que he sucumbido a la tentación, pero estoy muy agradecido porque tu gracia es suficiente para limpiarme de mis fracasos. Ayúdame a andar en ese camino que me aleja del diablo y me conduce a tu corazón amoroso. Te lo pido en el nombre de Jesús, amén.

TU SOLDADO SERÉ

La suerte está echada, mi elección está hecha.
Un soldado seré;
Adonde Jesús me lleve no temeré,
soldado seré.
En cualquier clima, en cualquier lugar,
Ni siquiera puedo rastrear a mi Salvador,
Para difundir la noticia de la gracia de Jesús,
Un soldado seré.

Te seguiré, mi Salvador,
dondequiera que esté;
Te seguiré, mi Salvador,
por montaña, valle o mar;
Te seguiré, mi Salvador.
Puedes confiar en mí:
en la alegría o en el dolor,
en la pérdida o en la ganancia,
tu soldado seré.

A pesar de la tristeza, el trabajo o el dolor,
un soldado seré;
Llevaré la cruz, despreciaré la vergüenza,
Soldado seré.
No conozco color, clase o estado,
pero clamo: ¡Arrepiéntanse antes de que sea demasiado
tarde!
Y salvaré a las almas perdidas del triste destino del

infierno.
Un soldado seré.

Hasta que exhale mi último aliento.
Un soldado seré;
Y cuando mis ojos se cierren en la muerte,
seré un soldado.
Y cuando llegue a esas puertas de perla,
envainaré mi espada, mis colores se enrollarán,
desafiaré al enemigo que lanzaré,
un soldado seré.

Anónimo (1922)

15

LA MÁXIMA
TENTACIÓN ESPIRITUAL

Luego Jesús fue llevado por el Espíritu al desierto,
para ser tentado por el diablo.

Mateo 4:1

Yo no afirmo comprender los pensamientos del diablo en
el momento de la tentación de Jesús. Tal vez razonó que, tras
haber ayunado durante cuarenta días y cuarenta noches, Jesús
estaba en su posición más precaria. La tentación en el huerto
del Edén tiene algunos elementos en común con la tentación de
Jesús en el desierto. En ambos casos no fueron tentados a hacer
algo pecaminoso sino a cuestionar la autoridad de Dios. "¿Así
que Dios les ha dicho…?", preguntó el diablo Eva en Génesis
3:1. En otras palabras, estaba desafiando la confiabilidad de la
Palabra de Dios.

Hay varias cosas que podemos aprender de la tentación de Jesús en el desierto. Por una parte, *si* es la primera palabra en cada tentación dirigida a Él. *Si* es un condicional y puede considerarse un intento de plantar una semilla de duda en el corazón de Jesús. Igual que en el huerto del Edén donde el diablo atacó a Eva cuando ella era más vulnerable, descubrimos que también atacó a Jesús en el desierto cuando el diablo pensó que era más vulnerable. Observemos la primera tentación del diablo a Jesús: "Si eres Hijo de Dios, di que estas piedras se conviertan en pan" (Mateo 4:3).

Jesús probablemente tenía mucha hambre después de haber ayunado durante cuarenta días y cuarenta noches, y el fundamento de la tentación fue apelar a la carne. Somos susceptibles a la tentación del enemigo cuando la carne reina de modo supremo en nuestras vidas.

El enemigo algunas veces nos entiende mejor que nosotros mismos, pero cuando se trató de Jesús, el adversario no conocía a Jesús tan bien como pensaba. Frecuentemente me pregunto por qué el diablo comenzó con esta tentación (parece pequeña comparada con las posteriores), pero algunas veces las tentaciones del diablo sirven principalmente para distraernos antes de que una tentación más grande nos agarre desprevenidos. Él pensó que podía engañar a Jesús con pan. Jesús, desde luego, no podía ser engañado.

Es extraordinario el modo en que Jesús manejó esas tentaciones. Observemos que la frase "escrito está" se utilizó como respuesta a cada una de ellas, lo cual muestra que Él no solo expresó una opinión acerca de la tentación que el diablo le ofrecía. En cambio, Jesús las conectó a la Biblia. Él se apoyaba en el hecho de que la Palabra de Dios, que no cambia, sirve como el fundamento para sus decisiones en lugar de sus circunstancias, las cuales cambian constantemente. "No sólo de pan vive el hombre, sino de toda palabra que sale de la boca de Dios", dijo Jesús como respuesta (Mateo 4:4). Eso significa decir: "Mi fortaleza viene de las palabras de Dios en lugar de venir de las cosas que me rodean".

Como mencionamos en el capítulo anterior, los desafíos a la Palabra de Dios son el enfoque principal de las tentaciones del diablo. Según mi opinión, muchos en la iglesia moderna no comprenden lo que Dios ha dicho, y no son conscientes de los temas centrales de la Biblia. En cambio, confían en ritos y rituales religiosos para seguir adelante. Sin embargo, eso no bastará.

El diablo, que conoce bien la Palabra de Dios, utilizará todos los medios a su disposición para manchar la Biblia. Algunas veces solamente tuerce una pequeña parte de ella, pero nunca olvidemos que toda mentira está construida sobre una versión torcida de la verdad.

A continuación, el diablo llevó a Jesús a la Ciudad Santa, donde ubicó a Jesús sobre el pináculo del templo y le dijo: "Si eres Hijo de Dios, lánzate hacia abajo; porque escrito está: 'A sus ángeles mandará alrededor de ti', y también: 'En sus manos te sostendrán, Para que no tropieces con piedra alguna'" (Mateo 4:5-6).

Esa era una oportunidad para que Jesús demostrara que es quien afirma ser, dice el diablo; en otras palabras, que realmente es el Hijo de Dios. Parecería ser un modo fantástico para que Jesús se reivindicara ante el mundo; sin embargo, la verdadera motivación para ceder a esta tentación sería atraer la atención hacia sí mismo, lo cual es el pecado de orgullo.

De modo similar hoy día, el diablo puede tentarnos a que hagamos un milagro, demostrando nuestra sinceridad como cristianos. Representaciones extremas de quiénes somos como cristianos nos atraen. Damos mucha importancia a eso atrayendo la atención hacia nosotros mismos y posicionándonos donde todo el mundo pueda vernos.

Jesús responde al diablo: "También está escrito: 'No tentarás al Señor tu Dios'" (Mateo 4:7). Jesús responde al fuego con fuego. Esencialmente le dice al diablo: "Si quieres usar la Biblia contra mí, entonces yo usaré la Biblia contra ti". Pero Jesús no solo la cita, también la obedece.

Para persuadirme a hacer algo que Dios no quiere que yo haga, el diablo utilizará mis propias creencias y versículos de la Escritura contra mí. Como mencionamos anteriormente en este libro, Santiago hace una declaración muy intrigante en su epístola: "Tú crees que Dios es uno, y haces bien. ¡Pues también los demonios lo creen, y tiemblan!" (Santiago 2:19). Los demonios creen lo que nosotros creemos, pero la diferencia entre ellos y nosotros es simplemente que sus vidas no han sido cambiadas por lo que creen. Como cristiano, mis creencias en la Biblia me transforman. No solo sostengo una creencia debido a lo que he aprendido, sino que actúo en consecuencia. De igual modo, muchos cristianos versados son capaces de citar versículos de la Escritura y dar explicaciones doctrinales, pero nada de eso ha cambiado realmente sus vidas.

En ocasiones a lo largo de la historia, el diablo se ha infiltrado en la iglesia mediante un portillo doctrinal. El diablo no entra a patadas en nuestras iglesias gritando obscenidades y retándonos a maldecir a Dios. Eso no funcionaría. En cambio, entra en nuestras iglesias astutamente mediante las doctrinas que sostenemos, siendo su propósito torcerlas y convertirlas en algo que genuinamente no es bíblico.

Por ejemplo, veamos las diversas denominaciones cristianas que existen hoy día, varios cientos en los Estados Unidos y varios miles en todo el mundo. Sin duda, un problema con las denominaciones es que hay fariseos que finalmente las gobiernan y las controlan. Cualquiera puede dividir una iglesia y comenzar otra nueva si no comparte las creencias exactas de su iglesia, y el diablo se deleita en una acción de ese tipo. Creo que tengo razón al decir que no habrá ninguna denominación en el cielo. Espero con ilusión que llegue el día en el que dejemos atrás todas esas necedades.

Los cristianos son tentados frecuentemente a darse por vencidos cuando enfrentan un reto o una prueba que incluye tentación. Si eres cristiano, estoy seguro de que lo habrás experimentado. En mi caso ha sido así. Parece que no vale la pena, y eres tentado a darte por vencido y abandonar a Dios. "Claramente, Dios, no me quieres, de modo que me doy por vencido". Hasta cierto grado, todo cristiano ha llegado a ese punto. Pero olvidamos que Dios utiliza esas dificultades y tentaciones para enseñarnos que la confianza en nosotros mismos es arriesgada y poco confiable. Y, de ese modo, podemos darle al diablo un poco de mérito por todas las tentaciones que nos han conducido a descubrir la gracia y el amor de Dios extraordinarios.

Recuerdo otra vez a José en el Antiguo Testamento y cómo sus hermanos se burlaban de él, lo vendieron como esclavo, y le dijeron a su padre que había muerto. Si seguimos la vida de José, veremos que pasó de una prisión a otra y de una dificultad a otra, hasta que finalmente estuvo en el lugar donde pudo establecer una conexión con el gobierno. Cuando el faraón se dio cuenta de quién era José, lo liberó de la cárcel y lo nombró su ayudante. José pudo evitar una hambruna inminente en Egipto, y finalmente llegó hasta el lugar donde debía estar. Entonces, nos dio la famosa cita que dice que Dios utilizó el mal para sus propósitos (ver Génesis 50:19-20).

Él entró en ese "lugar de Dios" como resultado de todas las tentaciones que enfrentó en un esfuerzo por destruirlo; sin embargo, José persistió y el enemigo no pudo vencerlo. Dios usará las pruebas y tentaciones que encontramos para pagar una corona de vida eterna para nosotros. Aunque se le permite al diablo acercarse a nosotros, no tiene permiso para dañarnos a la larga. "Bienaventurado el varón que soporta la tentación; porque cuando haya resistido la prueba, recibirá la corona de vida, que Dios ha prometido a los que le aman" (Santiago1:12 RVR 60).

Y llegamos a la última tentación del diablo contra Jesús. "De nuevo el diablo lo llevó a un monte muy alto. Allí le mostró todos los reinos del mundo y sus riquezas, y le dijo: 'Todo esto te daré, si te arrodillas delante de mí y me adoras'" (Mateo 4:8-9).

El mundo estaba temporalmente bajo el control del diablo entonces, y declaró que, si Jesús se arrodillaba y lo adoraba, estaría dispuesto a entregárselo todo a Él. Jesús lo consideró de una gran importancia. Él entró en el mundo con la intención de rescatarlo, y ahora el diablo le ofrecía un atajo para alcanzar esa meta. El diablo nos ofrece muchos atajos para llegar donde Dios quiere que estemos, y algunas veces caemos presa de esa tentación y fracasamos.

"Entonces Jesús le dijo: 'Vete, Satanás, porque escrito está: Al Señor tu Dios adorarás, y a él sólo servirás'" (Mateo 4:10). Podemos escuchar ecos de esta misma tentación más adelante cuando Satanás intenta influenciar a Pedro. Pero Jesús lo reprendió diciendo: "¡Quítate de delante de mí, Satanás!; me eres tropiezo, porque no pones la mira en las cosas de Dios, sino en las de los hombres" (Mateo 16:23 RVR 60). El diablo creía que podría acercarse a Jesús por medio de Pedro, pero Jesús no tendría parte en eso.

La adoración es lo importante aquí, y la mayor tentación del enemigo es adorar al diablo en lugar de adorar a Dios. El diablo quería que Jesús lo adorara a él en lugar de adorar al Dios todopoderoso porque, como el diablo dijo en el libro de Isaías: "seré semejante al altísimo" (14:14).

Los cuarenta días y cuarenta noches que Jesús pasó en oración desempeñaron un importante papel en su resistencia a las tentaciones del diablo en el desierto. Si nos hemos preparado adecuadamente para la tentación por medio de la oración, la tentación no puede dañarnos; pero la tentación sin duda tendrá éxito si no lo hemos hecho. Jesús había previsto las tentaciones del diablo durante la experiencia en el desierto. El diablo no lo sabía, pero Jesús estaba preparado para cualquier cosa que el diablo pudiera lanzar a su camino.

Todo cristiano enfrentará la máxima tentación del diablo en algún momento en su vida, incluso si nunca puede estar seguro de cuándo llegará el día o el momento preciso. A causa de esto, es crucial estar preparado, pasando mucho tiempo en oración y comunión con Dios como lo hacía Jesús. El diablo ya nos ha engañado si creemos que somos inmunes a sus estratagemas.

Según la Biblia, "y unos ángeles vinieron y lo servían" después de esta severa tentación en el desierto (Mateo 4:11). Eso debió haber sido una experiencia maravillosa, y me habría encantado tener la oportunidad de estar allí y observar cómo se ocupaban de Jesús. Pero los ángeles nos sirven también a ti y a mí como cristianos del mismo modo que sirvieron a nuestro Señor Jesús; simplemente nosotros no podemos verlos. No hablan con nosotros, y tampoco nosotros hablamos con ellos, pero cuando entremos en el cielo aprenderemos todo acerca del ministerio de los ángeles a los cristianos.

Te alabo, Dios, por protegerme del enemigo de mi alma. Ayúdame al trabajar en mi vida de oración, para que mis oraciones sean agradables a ti. Dirígeme en la guerra espiritual para que, por medio de mí, puedas derrotar al enemigo. Confío en tu guía y tu gracia cada día. Te lo pido en el nombre de Jesús, amén.

¿ORASTE HASTA EL FINAL?

¿Oraste toda la noche hasta el amanecer.
Y la luz de la mañana ahuyentó la oscuridad?
¿Permaneciste allí hasta el rocío de la mañana,
En oración constante, oraste hasta el final?

¿Oraste hasta que la respuesta llegó?
¿Oraste en el nombre del Salvador?
¿Oraste toda la noche hasta el amanecer,
Oraste hasta que la respuesta llegó?

¿Oraste hasta el final, hasta que la respuesta llegó?
Hay una promesa que reclame tu fe,
En el lugar de oración Jesús te espera
¿Lo acompañaste allí, oraste hasta el final?

Como el Maestro oró solo en el huerto
Dirige tu oración al trono del Padre,
Si buscas su voluntad, Él te responderá,
¿sigues confiando, oraste hasta el final?

William C. Poole (1915)

16

FIRMES CONTRA LAS ASECHANZAS DEL DIABLO

Vestíos de toda la armadura de Dios, para que podáis estar firmes contra las asechanzas del diablo.

Efesios 6:11

Si alguien me pidiera que mencione quién en la Biblia comprendía mejor al diablo y la guerra espiritual, tendría que decantarme por el apóstol Pablo. Su enseñanza acerca de la guerra espiritual es la más valiosa para nosotros hoy día, y no solo señala una teoría sino que también nos da herramientas prácticas basadas en su propia experiencia. Nadie enfrentó al enemigo y sufrió como lo hizo Pablo.

En el pasaje citado arriba, Pablo escribe que Dios nos ha dado una responsabilidad como cristianos de estar firmes contra el diablo. Muchos creyentes no esperan enfrentar ninguna guerra espiritual; creen que convertirse en cristiano es el final del proceso hasta que lleguen al cielo. La verdad es que, si eres un cristiano que está vivo y camina sobre esta tierra, hay muchas batallas que pelear.

He descubierto en mi propia vida que a menudo quedamos atrapados peleando las batallas equivocadas porque hemos identificado al enemigo equivocado. Algunos creen que el enemigo está sentado en los bancos de la iglesia junto a ellos, en sus familias, o en su lugar de trabajo. Sin embargo, el enemigo es espiritual.

En este versículo y los versículos que siguen, Pablo señala cuán importante es que comprendamos la guerra espiritual y cómo podemos prepararnos para ella. Nuestra pelea no es casual ni tampoco a nuestra discreción. Nuestro enemigo el diablo nos atacará a su discreción y según su calendario; sin embargo, diez mil enemigos no pueden detener a un cristiano que ora, o ni siquiera ralentizar el cristiano si esa persona enfrenta a sus enemigos con una actitud de confianza completa en Dios. Y ese es el punto crucial a recordar con respecto a la guerra espiritual.

Debido a que hay muchos adversarios en el mundo, la tentación está en ver enemigos donde no existen. Debido a que estamos en conflicto con el error, tenemos tendencia a desarrollar un espíritu de hostilidad hacia quienes están en desacuerdo con nosotros acerca de cualquier cosa. A Satanás le importa poco si nos desviamos tras la falsa doctrina o meramente nos amargamos. En cualquiera de los casos, él sale ganando.

Creo que el propósito de Dios es dar a los creyentes un amplio poder para liderar la pelea contra el enemigo en lugar de quedarnos sentados pasivamente, permitiendo que el enemigo sea quien pelea contra nosotros. Y la mejor manera de mantener lejos al enemigo es mantener cerca a Cristo. La oveja no tiene que estar aterrada por el lobo; debe mantenerse cerca del Pastor. Pero tengamos en mente que Satanás no teme a la oveja que ora, sino la presencia de Pastor. Dicho eso, a medida que avanzamos y maduramos en la vida cristiana, podemos esperar encontrar mayores dificultades y también mayor hostilidad de parte del enemigo de nuestras almas.

El apóstol Pablo nos hace esta advertencia: "Porque no tenemos lucha contra sangre y carne, sino contra principados, contra potestades, contra los gobernadores de las tinieblas de este siglo, contra huestes espirituales de maldad en las regiones celestes" (Efesios 6:12 RVR 60). Me gustaría que estuviéramos luchando solamente contra "carne y sangre". Si ese fuera el caso, la educación y la psicología podrían prepararnos; sin embargo, Pablo hace hincapié enfáticamente en que esta guerra debe pelearse en un plano más elevado que ese. Admito que tenemos problemas con la carne, y cada uno de nosotros debe lidiar con ellos, pero nuestras batallas deben librarse en un nivel mucho más sofisticado.

Pablo dijo: "Por tanto, tomad toda la armadura de Dios, para que podáis resistir en el día malo, y habiendo acabado todo, estar firmes" (Efesios 6:13 RVR 60). Observemos que Pablo dice "toda" la armadura. Para estar firmes contra las asechanzas del diablo necesitamos llevar puesta la armadura completa para la guerra que tenemos delante. Una cobertura parcial no bastará. Debemos estar totalmente cubiertos para estar firmes contra el diablo.

Estar cubiertos al 99 por ciento deja un cinco por ciento de vulnerabilidad, y eso es todo lo que el diablo necesita. Al diablo no le preocupa cuánto tenemos sino cuánto no tenemos, porque no sabemos cuándo o dónde atacará el diablo. Si no estoy totalmente preparado, él me agarrará fuera de guardia. Y eso me conduce hasta el punto de aprender a confiar en Dios.

Pablo continúa: "Por tanto, manténganse firmes y fajados con el cinturón de la verdad, revestidos con la coraza de justicia, y con los pies calzados con la disposición de predicar el evangelio de la paz" (Efesios 6:14-15). Si queremos estar firmes contra el enemigo, primero necesitamos saber cómo estar firmes delante de Dios. Pablo enumera tres cosas que necesitamos: verdad, justicia, y el evangelio. No podemos escoger dos de las tres y esperar vivir una vida victoriosa delante de Dios. Debemos tomar y ponernos todo lo que Dios ha puesto a nuestra disposición y estar firmes delante de Él, cubiertos por completo con todo lo que necesitamos para resistir las asechanzas del diablo.

Estas no son cosas que nos resulta fácil hacer. Sin duda, nuestra salvación ha quedado establecida por Cristo y su gracia es gratuita para nosotros, pero la verdadera batalla comienza cuando nuestra salvación está asegurada, y por eso necesitamos estar bien protegidos. Sin embargo, si tenemos lo que Dios quiere que tengamos, el diablo nunca podrá penetrar en nuestras vidas. ¿Lo intentará? Claro que sí. Sin embargo, cuando estamos firmes delante de Dios cada día, también debemos estar firmes contra las asechanzas del diablo.

Entonces, Pablo dijo: "Sobre todo, tomad el escudo de la fe, con que podáis apagar todos los dardos de fuego del maligno"

(Efesios 6:16 RVR 60). Esto es esencial. Es nuestra fe la que nos protege de los dardos de fuego del enemigo.

En 2 Corintios 5:7 Pablo dijo: "porque vivimos por la fe, no por la vista", lo cual significa que nuestro caminar está basado en nuestra fe en el Señor Jesucristo y no en nuestro propio entendimiento. Si miramos la vida del apóstol Pablo, veremos que muchas veces estuvo en una situación que no podía explicar. Yo me he encontrado en tales situaciones en las que no sabía por qué estaba allí, o incluso cómo podría salir de ellas. De hecho, cada día de mi vida mi fe está siendo probada, y esa prueba es esencial para que pueda estar firme contra las asechanzas del diablo. La fe que es pasiva e inactiva carece de sabiduría de lo alto y deja abierta la puerta para que el diablo nos manipule.

Pienso a menudo en la parábola de Jesús de las diez vírgenes. Cinco de ellas eran sabias y otras cinco eran necias. Si las miráramos, no podríamos diferenciarlas. Cinco de ellas entraron en el reino, y cinco fueron rechazadas. Esas cinco no fueron rechazadas por su aspecto o su modo de hablar; fueron rechazadas porque no tenían en sus vidas el aceite, el Espíritu Santo. Nuestro compromiso y nuestra entrega al Espíritu Santo alimentan nuestra fe en Dios. Eso llega mediante la Palabra de Dios y nuestra entrega al Espíritu Santo.

Cuando abrimos la Palabra de Dios, anticipemos tener un encuentro con el Espíritu Santo en nuestra obediencia. Es el "escudo de la fe" el que nos capacita para apagar los dardos de fuego del enemigo. Porque, si queremos estar firmes contra el enemigo, antes necesitamos estar firmes delante de Dios. Y, cuando estamos firmes delante de Dios, necesitamos cumplir con sus requisitos cuando vamos a la guerra contra el diablo.

En el libro de Apocalipsis hay un pasaje que habla de la iglesia en Éfeso. Jesús dijo que la amaba pero que tenía una cosa contra ellos: habían dejado su primer amor. No amaban a Dios tanto como lo hacían un año atrás. Esencialmente se estaban aburriendo de Dios, la Biblia, la adoración, y reunirse en la comunión del pueblo de Dios. Esto es lo que está sucediendo hoy día: estamos dejando nuestro primer amor. A causa de eso, la iglesia se ha vuelto vulnerable a los ataques del enemigo. Tiene que haber un *avivamiento*.

Soy cauto a la hora de usar esa palabra, pero necesitamos restaurar hoy día en la iglesia ese amor apasionado por Dios que nada más puede satisfacer. Si estamos satisfechos con otra cosa, es que no hemos tenido un encuentro con el Dios de la Biblia. Mientras más de Dios tengamos, más de Dios querremos.

David dijo en Salmos 42:1: "Como ciervo que brama por las corrientes de agua, así mi alma clama por ti, mi Dios". David tenía una pasión por Dios que no podía saciarse con nada menos que Dios, y él no dejaba de buscar hasta encontrarlo. Su corazón tenía sed de Dios.

En Efesios 6:17 Pablo continúa: "Cúbranse con el casco de la salvación". Mi salvación es la experiencia más importante que he tenido en este mundo, y cambia mi modo de pensar acerca de todo. El casco de la salvación cubre la cabeza, lo cual significa que necesito proteger mi mente para que las ideas del mundo no entren en mí y me lleven por la dirección equivocada. Muchas veces somos más influenciados por los "pensadores carnales" de nuestra cultura que por la verdad. Por lo tanto, nuestra mente necesita ser protegida de esta influencia del diablo.

Finalmente, lo último que dijo Pablo en el pasaje al que hemos hecho referencia fue lo siguiente: "y la espada del Espíritu, que es la palabra de Dios". Esto es esencial si queremos estar firmes contra las asechanzas del diablo. Nuestras vidas deben ser guiadas y dirigidas por la Palabra de Dios. Debemos atacar al enemigo mediante la Palabra de Dios, que fue exactamente lo que hizo Jesús cuando Satanás lo tentó en el desierto. Jesús no respondió teológicamente, filosóficamente, o de ningún otro modo. En cambio, respondió del modo adecuado a su naturaleza: "esto es lo que dice la Palabra de Dios...".

Creo que nosotros debemos hacer lo mismo. La Biblia no es solamente una colección de historias y lecciones para considerar. La Biblia es una espada, y debemos utilizarla para derrotar al enemigo igual que lo hizo Jesús en el desierto.

Puede que ese sea el final de la armadura que enumeró Pablo, pero yo no puedo terminar aquí. En Efesios 6:18 Pablo estableció los recursos espirituales que necesitamos en nuestras batallas: "Oren en todo tiempo con toda oración y súplica en el Espíritu, y manténganse atentos, siempre orando por todos los santos".

La oración es la obra más desafiante que puede hacer el cristiano. Deberíamos prepararnos a nosotros mismos para las batallas que enfrentaremos. Puede que no sepamos cuáles serán esas batallas, pero somos llevados más cerca de Dios en nuestra vida de oración. Y, a medida que nos acercamos a Dios, nuestras vidas son influidas por su poder y autoridad.

El diablo intenta apartar nuestra adoración de Dios y dirigirla hacia otra cosa, y no importa lo que sea. Por lo tanto, si queremos estar firmes contra las asechanzas del enemigo debemos comprometernos a adorar a Dios, y eso comienza con nuestra vida de oración.

Si no estamos adorando a Dios en nuestras oraciones, entonces no estamos orando. Cada vez que oramos y adoramos a Dios, fortalecemos nuestra posición contra el enemigo. Además, cuando nos arrodíllanos delante de Dios el Padre y oramos en el nombre del Señor Jesucristo, el Espíritu Santo nos dirigirá en nuestras oraciones con respecto a por qué orar en consonancia con la voluntad de Dios. Debemos llegar al punto en el que nuestra vida de oración esté saturada de la adoración de Dios.

Padre celestial, es un gran gozo acudir a tu presencia. Mi corazón es renovado cuando tengo comunión contigo. Mis días están contados y mi fuerza es limitada, pero tu gracia hace que cada día sea un día de victoria. Te alabo y te doy gracias, en el nombre de Jesús, amén.

MUCHOS OBSTÁCULOS HALLAMOS

¡Muchos obstáculos hallamos
Al acudir al propiciatorio!
Pero quien conoce el valor de la oración
Desea estar a menudo allí.

La oración disipa las nubes oscuras
La oración sube la escalera que Jacob vio;
Ejercita la fe y el amor,
De lo alto trae toda bendición.

Dejando de orar cesamos de luchar;
La oración la armadura del cristiano hace brillar;
Y Satanás tiembla cuando ve
Arrodillado al más débil de los santos.

Mientras Moisés permanecía con sus brazos
extendidos
Tenía éxito el ejército de Israel;
Pero al bajarlos por el cansancio,
Entonces prevalecía Amalec.

¿No tenemos palabras? Pensemos otra vez;
Sí que fluyen las palabras con la queja,
Al llenar los oídos de nuestro amigo
Con el triste relato de nuestro afán.

Si elevamos la mitad de nuestro aliento
Al cielo en forma de súplica,
Muchas más veces sería nuestro canto:
¡Oigan lo que el Señor ha hecho por mí!

William Cowper (1779)

ACERCA DEL AUTOR

A. W. Tozer (1898-1963) fue un teólogo autodidacta, pastor y escritor cuyas poderosas palabras siguen captando el intelecto y avivando el alma del creyente hoy día. Fue autor de más de cuarenta libros. *La búsqueda de Dios* y *El conocimiento del Dios santo* están considerados clásicos devocionales modernos. Puedes obtener más información sobre Tozer y citas en twitter.com/TozerAW.

El Reverendo James L. Snyder es un galardonado autor cuyos escritos han aparecido en más de ochenta revistas y quince libros. Está reconocido como una autoridad sobre la vida y el ministerio de A. W. Tozer. Su primer libro, *La vida de A. W. Tozer: La búsqueda de Dios*, ganó el premio Readers' Choice de *Christianity Today* en 1992. Debido a su profundo conocimiento de Tozer, James consiguió los derechos de los bienes de A. W. Tozer para producir nuevos libros derivados de más de cuatrocientas cintas de audio nunca antes publicadas. James y su esposa viven en Ocala, Florida. Puedes aprender más en awtozerclassics.com, o contactar con James en jamessnyder51@gmail.com.